GEO WISSEN

Gruner + Jahr AG & Co KG, Druck- und Verlagshaus, Am Baumwall 11, 20459 Hamburg. Postanschrift für Verlag und Redaktion: 20444 Hamburg. Telefon 040/37 03–0, Telefax 040/37 03 56 48, Telex 21 95 20. Internet: www.geo.de

HERAUSGEBER
Peter-Matthias Gaede

CHEFREDAKTEUR
Michael Schaper

GESCHÄFTSFÜHRENDE REDAKTEURE
Claus Peter Simon (Text), Ruth Eichhorn (Fotografie), Jutta Krüger (Art Direction)

CHEF VOM DIENST
Hans-Heinrich Ziemann

ART DIRECTOR
Andreas Knoche

BILDREDAKTION
Bärbel Edse

VERIFIKATION
Jörg Melander; freie Mitarbeit: Dr. Eva Danulat, Alice Gayler

MITARBEITER DIESER AUSGABE
Jörg-Uwe Albig, Dr. Kirsten Brodde, Ute Eberle, Dr. Christian Heinrich, Herlinde Koelbl, Lisa Krelhaus, Norbert Neumann, Martin Paetsch, Susanne Paulsen, Jochen Paulus, Alexandra Rigos, Dr. Marion Rollin, Christina Schneider, Jens Schröder, Volker Stollorz, Jan Wehberg, Bertram Weiß, Andreas Wenderoth

INFO-GRAFIKEN
illuteam43

REDAKTIONSASSISTENZ: Angelika Fuchs, Doris Paulini

SCHLUSSREDAKTION: Brigitte Gajser, Hinnerk Seelhoff

TECHNISCHER CHEF VOM DIENST: Rainer Droste
Bildadministration und -Technik: Stefan Bruhn

HONORARE/SPESEN: Angelika Györffy

REDAKTIONSBÜRO NEW YORK: Nadja Masri (Leitung), Tina Ahrens, Markus Seewald, Christof Kalt (Redaktionsassistenz); 535 Fifth Avenue, 29th floor, New York, NY 10017, Tel. 001-646-884-71 20, Fax 001-646-884-71 11, E-Mail: geo@geo-ny.com

VERANTWORTLICH FÜR DEN REDAKTIONELLEN INHALT
Michael Schaper

VERLAGSLEITUNG: Dr. Gerd Brüne, Thomas Lindner

ANZEIGENLEITUNG: Lars Niemann

VERTRIEBSLEITUNG: Ulrike Klemmer, DPV Deutscher Pressevertrieb

MARKETING: Julia Duden (Ltg.), Patricia Korrell

HERSTELLER: Oliver Fehling

ANZEIGENABTEILUNG: Anzeigenverkauf: Sabine Plath, Tel. 040/37 03 38 89, Fax 040/37 03 56 04; Anzeigendisposition: Anita Ratschat, Tel. 040/37 03 29 23, Fax 040/37 03 17 29 23. Es gilt die Anzeigenpreisliste Nr. 5 vom 1. Januar 2009.

Der Export der Zeitschrift GEO WISSEN und deren Vertrieb im Ausland sind nur mit Genehmigung des Verlages statthaft. GEO WISSEN darf nur mit Genehmigung des Verlages in Lesezirkeln geführt werden. Bankverbindung: Deutsche Bank AG Hamburg, Konto 0322800, BLZ 200 700 00.

Heft-Preis: 8,50 € · ISBN-Nr. 978-3-570-19882-7

ISSN-Nr. 0933-9736

Druck: Prinovis Itzehoe GmbH
Printed in Germany

GEO-WISSEN-LESERSERVICE

FRAGEN AN DIE REDAKTION
Telefon: 040/37 03 20 84, Telefax: 040/37 03 56 48
E-Mail: briefe@geo.de

ABONNEMENT- UND EINZELHEFTBESTELLUNG

ABONNEMENT DEUTSCHLAND
BESTELLUNGEN:
DPV Deutscher Pressevertrieb
GEO-Kundenservice
20080 Hamburg
Telefon: 01805/861 80 00*

Heftpreis im Abonnement: 7,50 €
KUNDENSERVICE ALLGEMEIN:
(pers. erreichb.)
Mo–Fr 7.30 bis 20.00 Uhr
Sa 9.00 bis 14.00 Uhr
Telefon: 01805/861 80 01*
Telefax: 01805/861 80 02*
E-Mail: geo-service@guj.de

24-Std.-Online-Kundenservice: www.MeinAbo.de/service

ABONNEMENT ÖSTERREICH
GEO-Kundenservice
Postfach 5, A-6960 Wolfurt
Telefon: 0820/00 10 85
Telefax: 0820/00 10 86
E-Mail: geo@abo-service.at

ABONNEMENT SCHWEIZ
GEO-Kundenservice
Postfach, CH-6002 Luzern
Telefon: 041/329 22 20
Telefax: 041/329 22 04
E-Mail: geo@leserservice.ch

ABONNEMENT ÜBRIGES AUSLAND
GEO-Kundenservice, Postfach, CH-6002 Luzern
Telefon: 0041-41/329 22 20, Telefax: 0041-41/329 22 04
E-Mail: geo@leserservice.ch

BESTELLADRESSE FÜR GEO-BÜCHER, GEO-KALENDER, SCHUBER ETC.

DEUTSCHLAND
GEO-Versand-Service
Werner-Haas-Straße 5
74172 Neckarsulm
Telefon: 01805/06 20 00 (14 Cent/Min.)
Telefax: 01805/08 20 00 (14 Cent/Min.)
E-Mail: service@guj.com

SCHWEIZ
GEO-Versand-Service 50/001
Postfach 1002,
CH-1240 Genf 42

ÖSTERREICH
GEO-Versand-Service 50/001
Postfach 5000,
A-1150 Wien

BESTELLUNGEN PER TELEFON UND FAX FÜR ALLE LÄNDER
Telefon: 0049-1805/06 20 00, Telefax: 0049-1805/08 20 00
E-Mail: service@guj.com
*14 Cent/Min. aus dem dt. Festnetz, Mobilfunkpreise können abweichen

Liebe Leserin, lieber Leser,

wie steht es um das „Ich“ in stürmischer Zeit? Können wir uns immer wieder neu erfinden, uns den Fährnissen des Lebens flexibel anpassen? Oder ist die Persönlichkeit ein straffes Korsett, geformt durch biologische Anlagen und Kindheitserfahrungen?

DIE LEBENSLAUF-FORSCHUNG hat sich zu einem entschiedenen „Sowohl-als-auch“ durchgerungen. Was zunächst wie eine Kapitulation vor der Komplexität des Lebens klingt, ist aber vielmehr die Einsicht in dessen Vielschichtigkeit. Man könne die Persönlichkeit mit einer Knetmasse vergleichen, sagt die Entwicklungspsychologin Ursula Staudinger: Vieles ließe sich daraus modellieren, manche Figuren allerdings seien beim besten Willen nicht formbar.

ENTSCHEIDEND FÜR DEN EINZELNEN ist die „Selbstwirksamkeit“. So nennen Psychologen die Fähigkeit, an sich und seine Kompetenzen zu glauben, Einfluss zu nehmen auf die Gestaltung des Lebens, zurechtzukommen auch mit unvorhergesehenen Situationen. Wer hingegen der Überzeugung ist, er sei ein Spielball der gesellschaftlichen Umstände und eines übermächtigen Schicksals, wird erst zu eben diesem.

BEOBACHTEN LÄSST SICH DAS oft in Familien. Nichts und niemand ruft so starke Gefühle hervor wie die nächste Verwandschaft – und nichts ist manchmal so vernichtend. Dennoch sind wir keineswegs bis ins hohe Alter Gefangene unserer Kindheit, wie die moderne Persönlichkeitspsychologie herausgefunden hat (Seite 106). Eine Chance zur Weiterentwicklung bieten mitunter selbst traumatische Erfahrungen. „Ich wünschte, es wäre mir nie zugestoßen, aber es hat mich auch weitergebracht“, sagen manche, deren Leben ins Wanken geraten ist. Sechs Menschen erzählen in diesem Heft von ihrem Schicksalsschlag. Und Susanne Paulsen hat anhand des aktuellen Forschungsstands recherchiert, unter welchen Voraussetzungen sich Kraft für das Weiterleben finden lässt (Seite 44).

WIE MAN MIT PROFESSIONELLER Unterstützung als ganz normaler Mensch mehr aus seinem Leben machen kann, beschreibt Andreas Wenderoth, der für GEO WISSEN ein Persönlichkeits-Coaching absolviert hat (Seite 64). Einen der dabei verwendeten Tests können Sie auch selbst ausfüllen (Seite 131). Die Ergebnisse führen häufig zu überraschenden Einsichten – auch wenn man danach nicht gleich sein ganzes Leben auf den Kopf stellen will.

Herzlich Ihr Claus Peter Simon

Claus Peter Simon

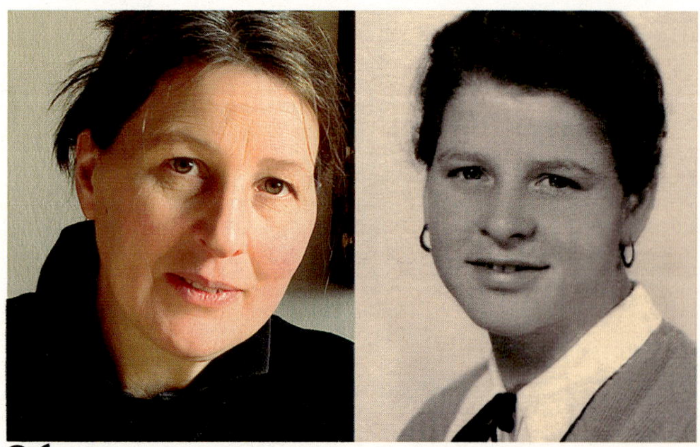

144 AHNENFORSCHUNG Millionen von Hobby-Genealogen spüren ihren familiären Wurzeln nach – auf der Suche nach festem Grund in der eigenen Geschichte.

160 LEBENSZUFRIEDENHEIT Die Trainingsprogramme der »Positiven Psychologie« sollen dabei helfen, persönliche Stärken zu fördern – etwa den Humor. Kann das gelingen?

64 Wie mache ich mehr aus meinem Leben?

131 GROSSER TEST: Lernen Sie sich besser kennen

INHALT

EIN DOSSIER UND EIN FORUM ZUM THEMA FINDEN SIE UNTER GEO-WISSEN.DE/LEBENSLAUF-FORSCHUNG

Titelbild: Kollektion Fancy; Impressum: Seite 3; Bildnachweis: Seite 123; Vorschau: Seite 170; Redaktionsschluss: 30. März 2009

Jo (rechts) im Alter von drei Jahren, mit ihrer Schwester Hella, 1925

Mit 18 Beginn der Karriere als Schauspielerin, 1940

Hochzeit mit Dr. med. Klaus E. Wuensch, 1950

Geburt des einzigen Kindes Sabine, August 1952

Das Wirtschaftswunder: Reise nach Mailand und Ascona, 1960

PERSÖNLICHKEITSENTWICKLUNG

WIE UNS DER LEBENS

So unterschiedlich Biografien auch verlaufen – bestimmte Ereignisse und Entwicklungen tauchen, und Männer auf. Psychologen und Soziologen versuchen daraus Schlussfolgerungen zu ziehen Entwicklungen. GEO WISSEN zeigt auf den Folgeseiten Fotoprojekte, die sich mit wichtigen Aspek-

Mit Georg Thomalla im »Kabarett der Komiker«, Berlin 1942

Werbefoto für eine tägliche Radiosendung beim RIAS-Berlin, 1948

Im Studio bei »Musik und Kurzweil« für die Hausfrau, 1949

Jährliches Skivergnügen im schweizerischen Davos, 1965

Zurück zu den Wurzeln im Hamburger Altentheater-Projekt, 1995

Wenige Monate vor ihrem Tod im Januar 2004

Ein Leben in Deutschland: Johanna »Jo« Wiedenhaupt wächst ohne Mutter und mit fünf Geschwistern auf. Sie wird erfolgreiche Theaterschauspielerin, ist später Hausfrau und Mutter – und knüpft im Alter an ihre Karriere an: im Stück »Wahnsinnig weise«. Sie stirbt Anfang 2004

WEG FORMT

in vielgestaltigen Facetten, im Leben der meisten Frauen auf allgemeine Verhaltensweisen, auf gesellschaftliche ten des menschlichen Lebenslaufs befassen

2 Litry
Viva
ORANŻADA

FAMILIENFESTE:
Ankerpunkte im Lauf des Lebens

Stolz schauen sie in die Kamera, die Mitglieder dieser polnisch-orthodoxen Familie in der Ortschaft Zdynia bei Krakau: anlässlich der Feier zur »Ersten Beichte« von Tochter Kasia. Feste wie diese strukturieren das Leben vieler Menschen, gerade in religiös geprägten Gesellschaften. Der Warschauer Fotograf Przemysław Pokrycki hat für seine Fotoarbeit »Rites of Passage« rund 80 Familienfeiern besucht, von der Taufe bis zur Beerdigung, in schlichten Vereinsheimen ebenso wie in prunkvollen Festsälen. So ist ihm ein dokumentarischer Blick auf ein Land im Umbruch gelungen, zwischen rasanter ökonomischer Entwicklung und tief verwurzelter Tradition

URLAUB: **Wenn die Fremde zur zweiten Heimat wird**

Reisen gehören zu jenen Ereignissen im Leben, die aus dem Fluss der Zeit herausragen – selbst wenn das Ziel immer das gleiche ist. Die Fotos aus dem Bildband »Komm, mein Mädchen, in die Berge« zeigen mit Selbstauslöser aufgenommene und undatierte Porträts, die eine holländische Fotografin in einem Nachlass entdeckt hat. Über das Paar ist nicht mehr bekannt, als dass es über viele Jahre in den Alpen Urlaub gemacht hat. Beständigkeit beweist der Mann auch bei der Wahl des Pullovers, wie zwei Fotos zeigen

RUHESTAND:
Ein langes Arbeitsleben ist zu Ende

Das Ausscheiden aus dem Beruf ist für die meisten Menschen ein ebenso später wie jäher Einschnitt in die Biografie. All jene, die sich vor allem über ihre Arbeit definieren, sind in der Folgezeit oft niedergeschlagen; andere leben auf und widmen sich ihren Hobbys. Und dann gibt es – wie Wirtschaftspsychologen erforscht haben – die größer werdende Gruppe der »Silver Workers«, die in ihrem Beruf weiterarbeiten, als Teilzeitkraft oder ehrenamtlich. Dazu zählt auch der Pfarrer Karl Joseph Rudolph aus Glinde bei Hamburg. Nach seiner Pensionierung mit 73 Jahren hält er noch aushilfsweise Gottesdienste ab, vor allem für Taubstumme. Der Fotograf Frank Schinski hat den Geistlichen für sein Projekt »Vom Aufhören« an seinem letzten regulären Arbeitstag besucht

WEIHNACHTSFEST: **Wankt auch die Welt, der Tannenbaum muss stehen!**

Wie schmücken wir den Weihnachtsbaum? Welche Geschenke gibt es? Was ziehen wir an? Die Antworten auf diese alle Jahre wieder wichtigen Fragen haben der Reichsbahn-Inspektor Richard Wagner und seine Frau Anna über mehr als 40 Jahre und zwei Weltkriege hinweg fotografisch festgehalten – mittels Selbstinszenierungen am Gabentisch in ihrer Wohnung in Berlin-Schöneberg. In schlechten Zeiten, wie 1917 und 1940, mussten dicke Wintermäntel vor der Kälte im Zimmer schützen. 1927 leistete sich das kinderlos gebliebene Paar einen elektrischen Staubsauger, der bis in die Nachkriegszeit ein Luxusgut war. Ihr fotografischer Nachlass hat Eingang gefunden in das Buch »Deutsche Weihnacht«

Essen. Weihnachten 1900

ABSTAMMUNG:
Manchmal wie aus dem Gesicht geschnitten

Von Familienbanden kann sich niemand frei machen. Die Beziehungen zu Vater und Mutter erweisen sich – so stellen Entwicklungspsychologen immer wieder fest – oft als die kompliziertesten. Kinder sind sowohl von den Genen ihrer Eltern als auch von deren Lebensweise geprägt. Nicht allein innerlich, häufig auch äußerlich, wie dieses Bild aus der Arbeit »Father and Son« des Hamburger Fotografen David Maupilé zeigt. Der 51-jährige Pierre Bachelier ist seinem 80-jährigen Vater, der ebenfalls Pierre heißt, wie aus dem Gesicht geschnitten. Der Sohn arbeitet als Landmaschinen-Mechaniker, der Vater bewirtschaftete einen Bauernhof im Westen Frankreichs; auch die meisten Ansichten teilen die beiden. Für die anderen vier Söhne gilt das allerdings nicht in dem gleichen Maße

EMIGRATION:
Aufbruch zu neuen Ufern

Es gibt viele Gründe dafür, sein Leben nicht in einem einzigen Land zu verbringen – etwa eine berufliche Veränderung oder eine Heirat. Manche Menschen aber verlassen ihre Geburtsheimat aus Sehnsucht nach dem Gelobten Land, nach den Wurzeln ihres Volkes. Wie jene Juden in der Diaspora, die der französische Fotograf Frédéric Brenner für sein Langzeit-Fotoprojekt »exile at home« über fast zwei Jahrzehnte auf fünf Kontinenten fotografiert hat. Darunter 1990 auch Barbiere – auf und hinter ihren Stühlen – aus Leninabad im zentralasiatischen Tadschikistan. Die meisten von ihnen sind in den Folgejahren nach Israel ausgewandert, dem Land ihrer Träume. Dort hat Brenner sie zu einem Foto im Toten Meer versammmelt – in gleicher Anordnung und Pose wie in Leninabad

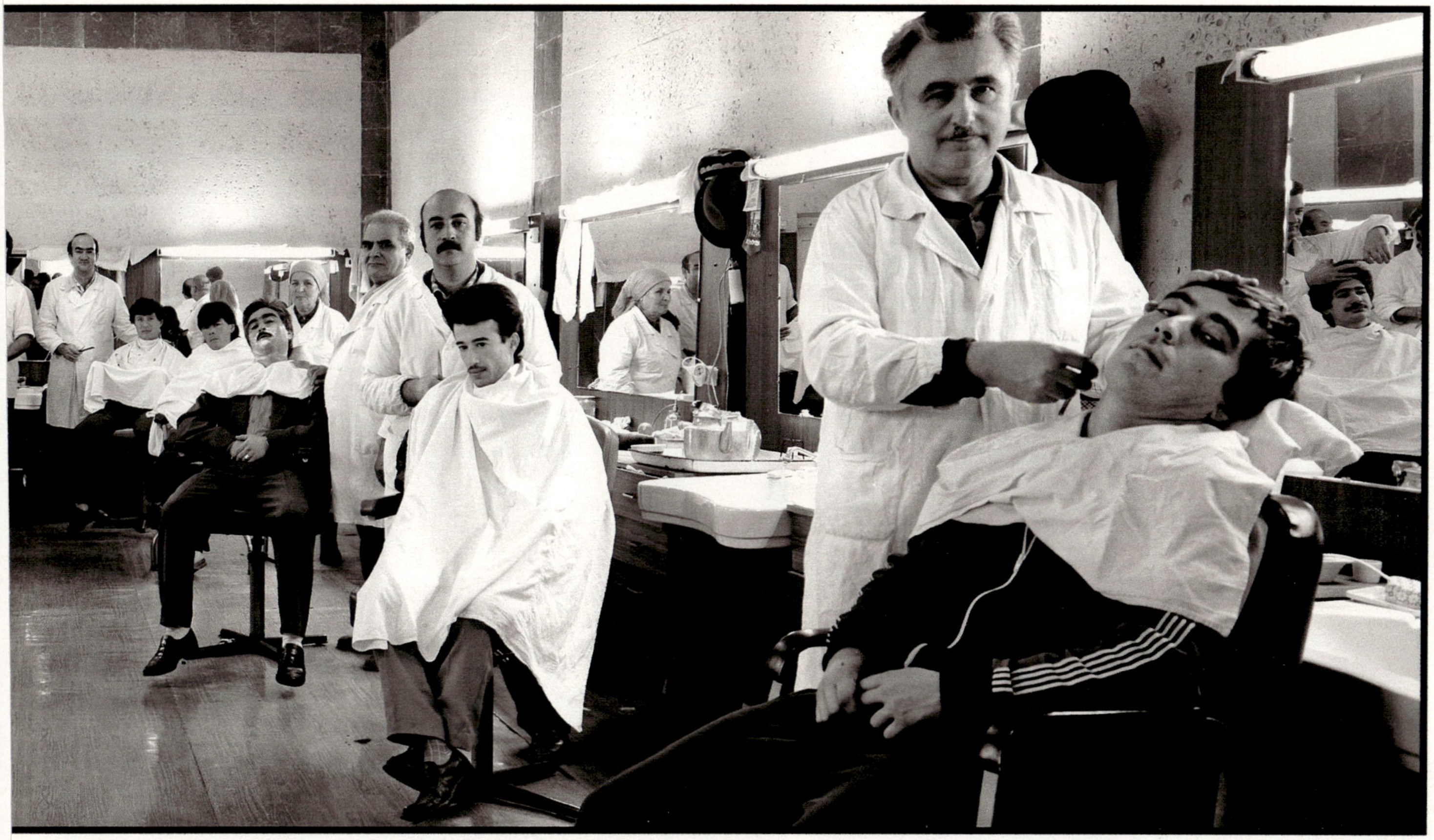

In seinen »Familienbildern« inszeniert sich der Künstler MARTIN LIEBSCHER als multiple Persönlichkeit – dutzendfach abgelichtet mit Selbstauslöser und am Computer zu Panoramabildern zusammengesetzt

ENTWICKLUNG

WER BIN »ICH«?
UND WER KÖNNTE ICH SEIN?

Kann der Mensch aus seiner Haut schlüpfen, sich immer wieder neu erfinden? Oder ist er ein Gewohnheitstier, das in immer gleichen Bahnen läuft? Fragen, mit denen sich Persönlichkeitsforscher seit Langem auseinandersetzen. Die wohl beste Antwort klingt auf den ersten Blick verwirrend: Wir können uns nur weiterentwickeln, wenn wir uns treu bleiben

VON CLAUS PETER SIMON

Der Wunsch nach Veränderung ist ein Topos der Moderne. Es muss vorangehen, kaum jemand will „stehen bleiben", „verharren", „stagnieren". Verlangen nicht auch die gesellschaftlichen Verhältnisse nach stetem Wandel, nach dem „flexiblen Menschen", wie der US-amerikanische Soziologe Richard Sennett schreibt? Leben wir nicht – so postuliert es zumindest der Hamburger Trendforscher Matthias Horx – im Zeitalter der „Selfness", das gekennzeichnet sei durch eine „Selbstveränderungs-Kultur"?

Und bei Horst Conen, einem bekannten Persönlichkeits-Coach, fallen Sätze wie: „Wir können uns ab 40 leichter verändern als vorher … es gibt nach oben hin keine Grenze." Ein grenzenloser Optimismus, der nicht so aktuell ist, wie es scheint. Schon im 18. Jahrhundert konstatierte der Schriftsteller Georg Christoph Lichtenberg: „Vergnügen an Veränderung ist dem Menschen bleibend eigen."

Es tut gut, so etwas zu hören, zweifellos. Und wem kommt nicht das eine oder andere erfolgreiche Selfness-Projekt in den Sinn: der zum Klischee gewordene Manager etwa, der von heute auf morgen seinen aufreibenden Beruf hinschmeißt, um auf einer Sonneninsel ein kleines Restaurant aufzumachen.

„Veränderung ist wie eine Reise", heißt es bei Horst Conen, in seinem Ratgeber mit dem Titel „Schenk Dir selbst ein neues Leben". Und was wäre einfacher und angenehmer, als sich zu beschenken und zu verreisen – vor allem, wenn die Reise zu einem selbst führt. Wenn es dann trotz aller guten Ratschläge mit der Veränderung nicht so recht klappt – selbst schuld!

Doch halt! Wer oder was ist eigentlich das viel beschworene „Selbst", zu dem man sich verändern soll? Wäre das so gewandelte Ich ein ganz anderes als das bisherige? Verfügen wir gar über ein Arsenal

an Ichs, aus dem wir uns nach Belieben mit Persönlichkeiten bedienen und unseren Lebenslauf eigenmächtig vorantreiben können? Sind wir tatsächlich Wachs in unseren eigenen Händen? Lässt sich so einfach sagen: Ich will jetzt endlich gelassener sein und offener auf andere Menschen zugehen – und im Übrigen werfe ich übermorgen den Job hin? Gewiss, sagen lässt sich das. Aber auch verwirklichen?

Zweifel sind angebracht. Mehr noch, es ließe sich sogar behaupten: Zum Wunsch nach Veränderung gehört das Scheitern wie zum Lotteriespiel die Niete.

Deutlich wird das schon beim guten Vorsatz, einer sehr überschaubaren Persönlichkeitsveränderung. Das Meinungsforschungsinstitut Allensbach hat dazu im Januar 2007, nicht lange nach Silvester, 1900 Menschen befragt. Bereits da, nach wenigen Tagen des neuen Jahres, stand nur noch jeder Dritte, der zum Beispiel weniger fernsehen oder mehr Zeit für die Familie haben wollte, zu seinem Vorsatz. Den älteren Befragten war das Phänomen offenbar nicht ganz unbekannt, hatten sie doch von vornherein viel seltener einen guten Vorsatz gefasst als die jüngeren.

Wohlgemerkt, es ging nicht darum, seine Persönlichkeit neu zu erfinden, sondern um schlichte Verhaltensänderungen im Alltagsleben.

Wenn schon so etwas schwerfällt, wie sieht es dann mit tiefen und lang anhaltenden Veränderungen im Leben aus? Wie häufig sind diese zu finden, wie häufig zum Beispiel gibt es Biografien wie jene eines Bob Dylan, der seine Karriere als Protestsänger begann, als Beatnik dem Protest abschwor, sich lange aufs Land zurückzog, eine Großfamilie gründete und Countrymusic spielte, bevor er schließlich als wiedergeborener Christ Gospel-Shows zelebrierte. Ist das eher Regel oder Ausnahme?

Soziologen, Psychologen und Philosophen bewegen diese Fragen schon sehr lange. Nicht zuletzt, weil es durchaus nicht trivial ist, sie wissenschaftlich solide zu beantworten. Denn zunächst einmal müssen die Forscher herausfinden, welche Merkmale sie untersuchen wollen, müssen sie wissen, was eine Persönlichkeit ausmacht und wie formbar sie ist.

Vereinfacht gesagt, ist mit dem Begriff der Persönlichkeit die Gesamtheit aller länger anhaltenden individuellen Besonderheiten im Erleben und Verhalten gemeint. Dem sogenannten Fünf-Faktoren-Modell („Big Five") der Persönlichkeitspsychologie kommt dabei eine elementare Bedeutung zu.

Es charakterisiert eine Persönlichkeit durch fünf Dimensionen: Offenheit für Erfahrungen, emotionale Stabilität, Gewissenhaftigkeit, Verträglichkeit sowie Extraversion (das Gegenteil von Introvertiertheit). Lewis Goldberg, einer der Verfechter des Modells, merkte einst an, die Big-Five-Struktur sei für die Persönlichkeit, was das Periodensystem der Elemente für die unbelebte Materie ist.

Bis zum Alter von 20 Jahren wächst die Bereitschaft, sich Neuem gegenüber zu öffnen – ab 30 sinkt sie wieder

Schon im Alter von drei Jahren lassen sich die fünf Dimensionen ansatzweise erkennen, spätestens mit zwölf Jahren sind sie ausgeformt. Aber sie verändern sich. Bis ungefähr Anfang 20 wächst etwa die Bereitschaft, sich Neuem gegenüber zu öffnen, ab 30 sinkt sie wieder, ebenso der Wunsch nach Geselligkeit. Die emotionale Stabilität und die Verträglichkeit hingegen nehmen mit den Jah-

ren eher kontinuierlich zu. Mit 30 hat sich die Persönlichkeit dann gefestigt, es kommt allenfalls noch zu allmählichen Veränderungen. Meist verstärken sich dabei die ohnehin vorhandenen Eigenschaften noch ein wenig.

Mit 40 oder spätestens 50 Jahren gilt die Persönlichkeit als ausgereift – das haben die amerikanischen Psychologen Brent Roberts und Wendy DelVecchio nach der Auswertung von 152 wissenschaftlichen Studien zur Entwicklung von Menschen festgestellt. Er oder sie hat sich dann eine Lebensweise zurechtgelegt, die dem jeweiligen Charakter entspricht. Die Persönlichkeit gleicht nun einem stehendem Gewässer: Sie ist nicht im Fluss, aber es gibt durchaus noch ein wenig Bewegung.

Vor allem jene Menschen, die ihr Leben radikal ändern wollen, scheitern oft schon an den kleinen Dingen

Generelle Unterschiede in der Entwicklung der Big Five zwischen Mann und Frau lassen sich nicht feststellen, allenfalls werden Frauen mit den Jahren emotional stabiler und introvertierter als Männer.

Die Befunde gelten erstaunlicherweise unabhängig davon, ob ein Mensch in China, in den USA, in Ost- oder Westdeutschland, Kroatien oder Südkorea aufwächst. Da sich diese Länder aber erheblich unterscheiden, dürfte für eine ähnliche Persönlichkeitsentwicklung die genetische Ausstattung eine wichtige Rolle spielen.

Evolutionspsychologen sehen die Erbanlagen ohnehin als wichtige Baumeister bei der Formung und Stabilisierung der Big Five an. Schon bald werden wir erkennen, so Steven Pinker von der Universität Harvard, dass selbst unser Temperament und unsere Fähigkeiten von unserem Genom beeinflusst werden. In den Genen sei zwar kein Verhalten gespeichert, und dieses könnten sie auch nicht direkt beeinflussen – wohl aber die Vernetzung des Gehirns und dessen Arbeit.

So gibt es etwa unterschiedliche Genvarianten für die Ausbildung der Rezeptoren für den Gehirnbotenstoff Dopamin. Einige davon werden in Verbindung gebracht mit Persönlichkeitsmerkmalen wie Neugier und Extraversion. Damit bestimmen die Gene zumindest den Korridor der Persönlichkeitsentwicklung mit.

Aber können nicht zumindest einschneidende Lebensereignisse wie die Geburt eines Kindes oder der Tod eines nahen Angehörigen die Persönlichkeit völlig verändern?

In der Regel nicht, jedenfalls nicht über einen längeren Zeitraum. Das ist ein Befund einer aufwendigen Studie der Universität Bielefeld, bei der über 15 Jahre hinweg Hunderte von Zwillingspaaren mehrfach untersucht wurden, mittels Interviews, Befragung von Freunden und Verwandten sowie Videoaufnahmen. Der Bielefelder Persönlichkeitspsychologe Rainer Riemann fasst das Ergebnis der Studie in einem einprägsamen Satz zusammen: „Ich bleibe so, wie ich bin."

Ähnlich das Ergebnis einer Untersuchung des Deutschen Instituts für Wirtschaftsforschung zum Persönlichkeitsmerkmal Zufriedenheit. Dafür wurden seit 1984 mehr als 20 000 Menschen in Abständen befragt. Das Maß an Zufriedenheit galt Wissenschaftlern als nicht sonderlich stabil, sondern von den Fährnissen des Lebens abhängig. Doch es zeigte sich, dass selbst starke positive oder negative Lebenserfahrungen das Gefühlsleben eines Menschen allenfalls für wenige Monate deutlich beeinträchtigen. Danach kehren die meisten Menschen wieder zu ihrem individuellen Zufriedenheitsempfinden zurück.

Zufriedenheit und Glücksempfinden scheinen demnach eher auf einer genetischen und frühkindlich erworbenen Ausrüstung zu beruhen und nicht so sehr von den späteren Lebenserfahrungen abhängig zu sein.

Ältere Menschen wissen meist aus Erfahrung, dass die Persönlichkeit nicht beliebig veränderbar ist. Sie betonen bei einem biografischen Einschnitt oder traumatischen Erlebnis, dass der äußere Wandel sie nicht innerlich verändert habe. Jüngere dagegen gehen eher davon aus, dass neue Lebensumstände sie auch innerlich verändert hätten.

Was heißt das alles nun für die Frage, ob der Einzelne seine Persönlichkeit willentlich verändern kann?

Dies zu vollbringen ist schwer, sehr schwer. Vor allem jene Menschen, die ihr Leben radikal auf den Kopf stellen wollen, scheitern meist schon an kleinen Veränderungen. Das haben die Psychologen Janet Polivy und Peter Herman von der University of Toronto in mehreren Studien festgestellt.

Und: Je stärker Menschen davon überzeugt sind, das Ruder herumreißen zu können, desto weniger gut gelingt es ihnen tatsächlich. Grund dafür ist das „Falsche-Hoffnung-Syndrom". Es verführt zu übergroßen Erwartungen – zum Beispiel der, viele Dinge auf einmal ändern zu wollen. Am Ende gelingt dann nichts von alledem.

Auch wenn die Wissenschaft heute eher die Beschränktheit der Handlungsoptionen betont – gesellschaftlich gesehen eröffnen sich, zumindest in demokratischen Gemeinschaften, mehr Optionen als früher. Allerdings ist damit auch der Druck gestiegen, sein Leben selbst in die Hand zu nehmen und dabei ja nicht zu scheitern.

Ob früher oder heute – den Wunsch nach Veränderung äußern viele Menschen. Und fürchten sich gerade in bestimmten Lebensphasen vor Stagnation. Kaum jemand hat das treffender ausgedrückt als der Protagonist Simrock aus Jurek Beckers Roman „Schlaflose Tage": „In Wirklichkeit quält mich ja nicht, dass die Zahl der mir verbleibenden Jahre ständig abnimmt, sondern dass ich diese Jahre, wenn nichts Entscheidendes geschieht, auf eine so belanglose Weise verbringen werde … Alle Entscheidungen von Belang, die ich selbst zu treffen hatte, sind längst getroffen. Meine Ehe ist beschlossen, mein Beruf steht fest …"

Die typische Midlife-Krise offenbar. Doch scheint die nur eine Minderheit zu treffen. Paul Costa vom National Institute on Aging in Baltimore fand anhand von Tausenden untersuchten Männern keine Hinweise darauf, dass sich die Big Five und die Lebenszufriedenheit in diesem Lebensabschnitt maßgeblich ändern.

Dennoch stellt sich in der Lebensmitte oft die Frage: Geht es auf ewig so weiter mit mir? Der Psychoanalytiker Erik H. Erikson prägte in diesem Zusammenhang den Begriff der „Generativität". Man müsse sich entscheiden: Stagniere ich oder werde ich generativ? Bleibe ich bei meiner Ichbezogenheit oder stelle ich mich in den Dienst der Gemeinschaft, werde zum Mentor, Lehrer, Helfer für die nachwachsende Generation? Insofern gebe es in dieser Phase noch einmal eine Gelegenheit zur Selbstveränderung.

Wer mit Fachleuten spricht, die sich schon lange mit der Frage befassen, ob der Mensch dafür geschaffen sei, sich selbst zu verändern, bekommt oft zur Antwort: im Prinzip ja. „Der Mensch ist jene Spezies auf der Erde, die sich am besten an unterschiedliche Verhältnisse und Lebensräume anpassen kann", sagt Werner Greve, Psychologie-Professor an der Universität Hildesheim. Nach einschneidenden Ereignissen, ergänzt die Entwick-

lungspsychologin Ursula Staudinger von der Jacobs University Bremen, könnten sich selbst ältere Menschen noch erfolgreich umstellen, etwa wenn der Partner stirbt oder man in Rente geht. Man könne die Persönlichkeit mit einer Knetmasse vergleichen – nur manche Figuren ließen sich damit beim besten Willen nicht formen.

Ein Fazit könnte also lauten: Der Einzelne kann sich durchaus ändern, sollte in seinen Ansprüchen an die Schnelligkeit des Wandels und die Erfolgsaussichten aber bescheiden sein.

Das ist auch die Überzeugung amerikanischer Psychologen, die Erfahrungen mit erfolgreichen und gescheiterten Veränderungsversuchen Zehntausender Klienten zum sogenannten „Transtheoretischen Modell" kondensiert haben. Eine gelingende Veränderung – etwa zum Nichtraucher zu werden – läuft demnach meist in sechs Stationen ab. 1) **Sorglosigkeit:** Ändern? Kommt noch überhaupt nicht infrage. 2) **Bewusstwerden:** Das Problem ist erkannt, die Einsicht ist da, sich verändern zu wollen. 3) **Vorbereitung:** Erste Schritte werden vollzogen, etwa die Anmeldung zu einem Raucherentwöhnungskurs, Freunde werden eingeweiht. 4) **Handlung:** Das Rauchen wird eingestellt. 5) **Aufrechterhaltung:** ein ständiger Kampf, bei dem es auch zu Rückschlägen kommt. 6) **Stabilisierung:** Das neue Verhalten wird habituell, es besteht keine Rückfallgefahr mehr.

Viele von denen, die bis zu Station 4 gekommen sind, bleiben dann in Phase 5 stecken – und nur sehr wenige erreichen Station 6.

MEHR ZUM THEMA:

Gerhard Roth: **Persönlichkeit, Entscheidung und Verhalten.** Klett-Cotta 2008, 349 Seiten

www.bbc.co.uk/science/humanbody/mind/surveys/personality/
Test der Big Five (auf Englisch) mit ausführlicher Online-Auswertung

Wäre es nicht beunruhigend, wenn wir uns beliebig verändern könnten? Wer wären wir dann »wirklich«?

Eine wichtige Frage bleibt: Schließen sich Kontinuität und Wandel überhaupt aus? Sind es nicht häufig aufeinander bezogene Prozesse, die auf unterschiedlichen Ebenen ablaufen? Etwa wenn ein bewusst herbeigeführter Wandel der Lebensumstände weniger ein Zeichen für eine Veränderung der Persönlichkeit ist als vielmehr für eine Stabilisierung?

Der Manager mit dem kleinen Restaurant auf einer Insel war vermutlich schon lange unzufrieden mit seiner Berufssituation. Er brauchte einen neuen Rahmen, um seine Persönlichkeit nicht verleugnen zu müssen in einem Umfeld, das nicht zu ihm passte. Er hat nicht seine Persönlichkeit verändert, sondern sie nur konsequent herausgebildet.

Insofern ist dem Menschen in gewisser Weise so etwas wie eine Quadratur des Kreises möglich: Wir können einen roten Lebensfaden spinnen, an dem wir uns entlanghangeln und orientieren, zielgerichtet handeln, Stabilität gewinnen – aber dennoch die Spielräume zur Gestaltung des Lebens nutzen. Wir verändern uns und bleiben uns dennoch treu.

Jemand, der versucht, mit Gewalt seine Persönlichkeit umzukrempeln, macht sich meist unglücklich. Wir handeln am freiesten, lehrt die Persönlichkeitsforschung, wenn wir unseren dauerhaften Wesenszügen Ausdruck verleihen.

Ohnehin wäre es geradezu beunruhigend, wenn sich jeder beliebig verändern könnte. Denn wer wären wir „wirklich", wenn wir heute dieser sind, morgen jener und übermorgen wieder ein ganz anderer? Was wäre das für eine Persönlichkeit, wenn sie sich jederzeit beliebig formen ließe? Und wer wäre es dann überhaupt, der da formt? □

GEO-WISSEN-UMFRAGE

WAS DEN MENSCHEN PRÄGT

Welche Personen sind einem die wichtigsten? Welche Lebensphase ist die schönste? Und was würden wir gern anders machen? Bei diesen Fragen gehen die Ansichten von Männern und Frauen häufig auseinander, wie diese Allensbach-Umfrage im Auftrag von GEO WISSEN zeigt. Einigkeit aber besteht darin, dass die Mutter die wichtigste Bezugsperson überhaupt ist

Welche Zeit im Leben eines Menschen halten Sie für die schönste? (Angaben in Prozent, 1967 und 1981 nur Westdeutschland)

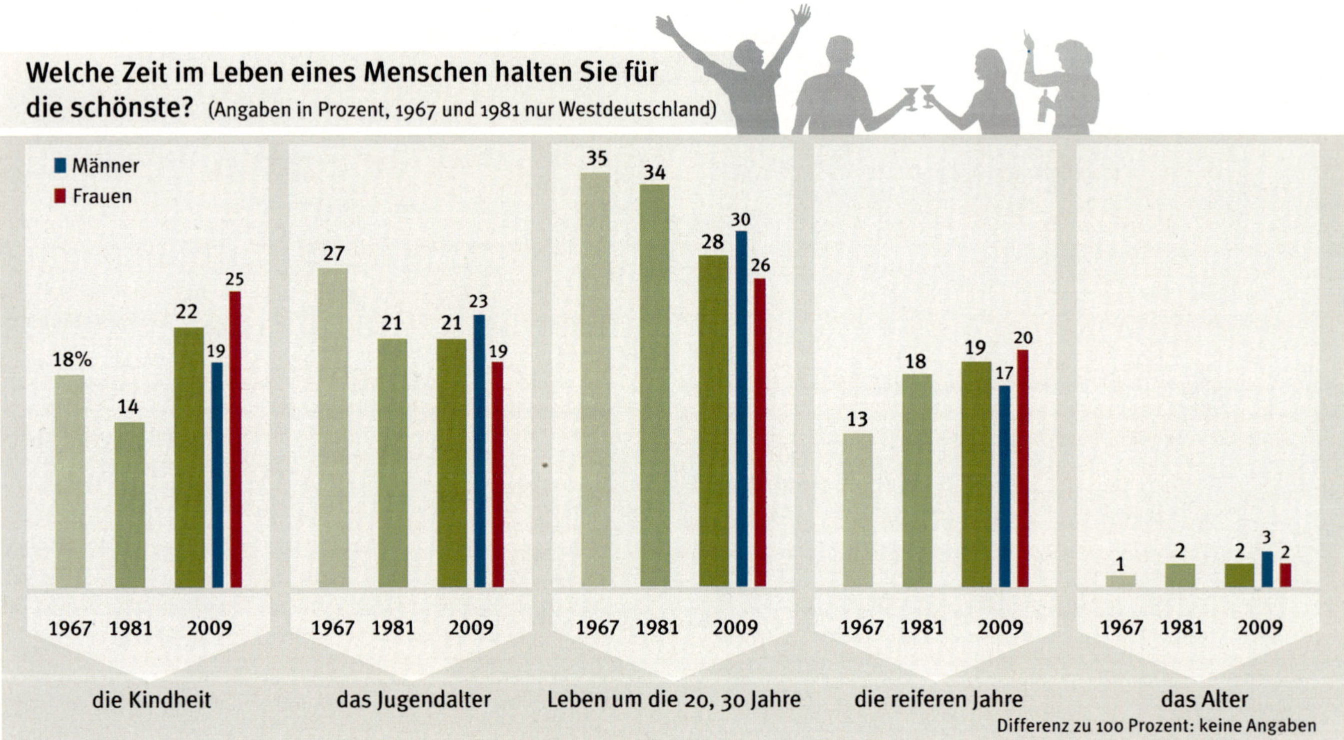

Das Jugendalter und das mittlere Lebensalter werden heute deutlich weniger geschätzt als noch in den 1960er Jahren. Stattdessen meinen immer mehr Menschen – darunter überproportional viele Frauen –, dass auch die reiferen Jahre eine schöne Zeit sein können

Wenn jemand von Ihnen sagen würde: »Dieser Mensch ist sehr glücklich!« – hätte er damit recht oder nicht recht? (Angaben in Prozent)

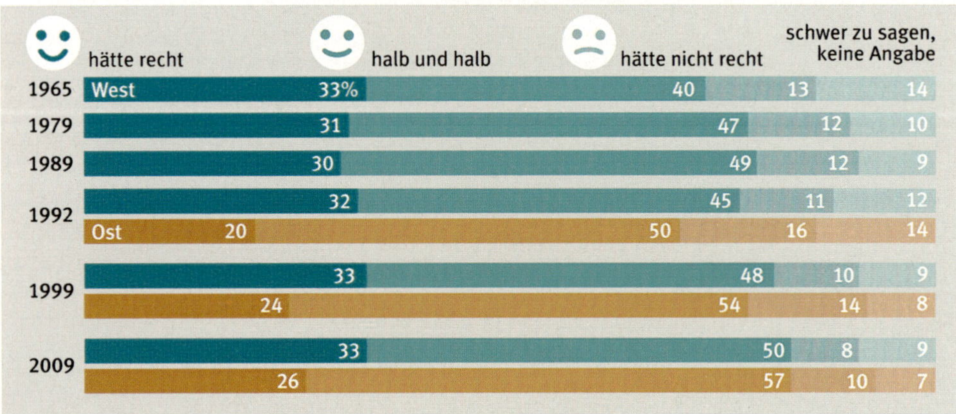

Der Langzeitvergleich zeigt, dass das Glücksempfinden der meisten Menschen sehr beständig ist. Wenn sich, wie in Ostdeutschland, Lebensbedingungen verbessern, kann die Zufriedenheit aber auch steigen

Das Institut für Demoskopie Allensbach befragte für GEO WISSEN repräsentativ 1840 Personen im gesamten Bundesgebiet

Welche Personen oder Umstände haben Ihr Leben besonders stark beeinflusst?

(Angaben in Prozent, Mehrfachnennungen möglich)

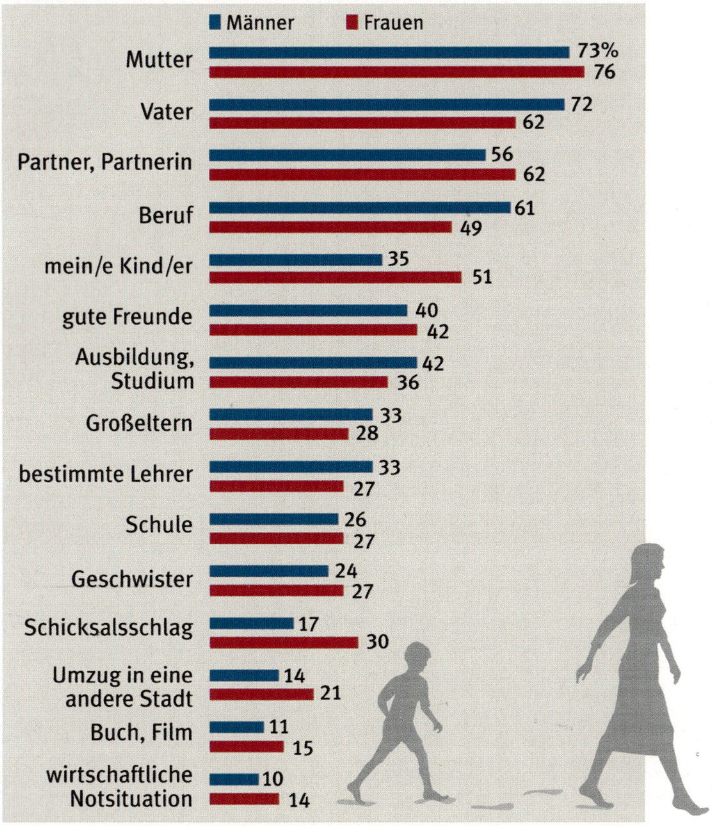

Die eigene Mutter prägt Menschen weit stärker, als es der Lebenspartner oder die Kinder tun. Auffällig ist, dass Schicksalsschläge für Frauen eine deutlich größere Rolle spielen als für Männer

Wenn Sie etwas an sich verändern dürften, was wäre das?

(Angaben in Prozent, Mehrfachnennungen möglich)

Ruhe und Gelassenheit – das vermissen die Befragten am stärksten an sich. Frauen halten sich, weitaus häufiger als Männer, für zu wenig durchsetzungsfähig und selbstbewusst

Haben Sie schon einmal ernsthaft daran gedacht, in bestimmten Bereichen Ihres Lebens einen Neuanfang zu wagen? (Angaben in Prozent)

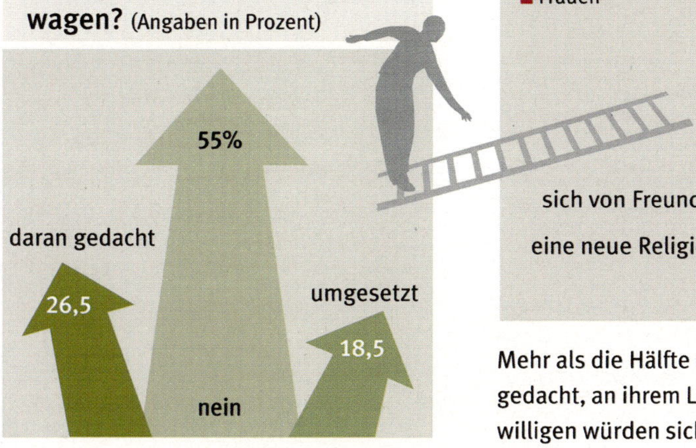

In welchen Lebensbereichen haben Sie an einen Neuanfang gedacht oder ihn umgesetzt? (Angaben in Prozent, Mehrfachnennungen möglich)

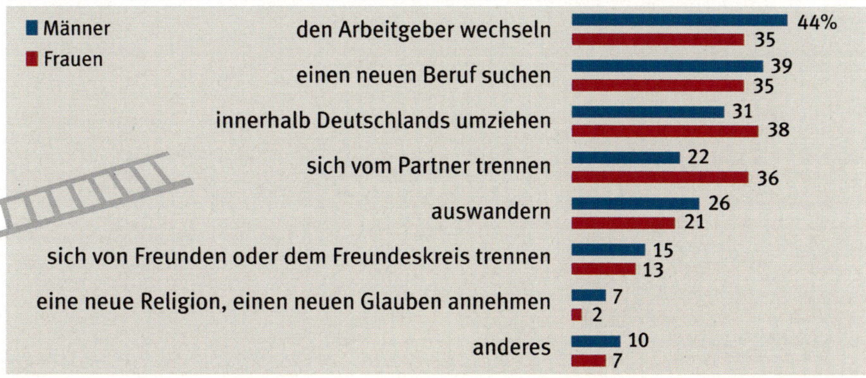

Mehr als die Hälfte der Befragten schätzt die Stabilität und hat noch nie ernsthaft daran gedacht, an ihrem Leben grundsätzlich etwas zu ändern. Und selbst von den Änderungswilligen würden sich offenbar nur sehr wenige von ihrem Freundeskreis trennen

(Befragungszeitraum 9. 2. bis 18. 2. 2009); Info-Grafiken: illuteam43

VON MARION ROLLIN (TEXT) UND DANIEL ROSENTHAL (FOTOS)

Die hier zu erzählende Geschichte wäre unvollständig, wenn man sie nicht lange vor dem Auftritt der Hauptperson beginnen ließe.

Es ist eine sehr deutsche Geschichte, auch wenn sie ihren Anfang in Mittelitalien nimmt, in einem kleinen Dorf, wo ein junger Mann Ende der 1950er Jahre keine Arbeit finden kann. Sie endet im Spreekarree Berlins, in der Chefetage eines der größten deutschen Klinikbetreiber.

Auf dem Weg dorthin wird man einige Bekanntschaften machen: mit einem Ort auf der Schwäbischen Alb, der Gastarbeiter braucht, sie aber als Menschen nicht haben will. Mit Francesco, einem schüchternen kleinen Jungen, der schon morgens vor der Schule Geld verdienen muss. Mit Frau Maier, seiner Grundschullehrerin mit Weitblick. Mit Sonja, in die Francesco verliebt ist und die ihm eines Tages etwas Großartiges gesteht. Mit Radrennen, die ihn fürs Leben schulen. Mit seinem Vater, der kurz vor seinem Tod einen sehr traurigen Satz sagen wird.

Und mit Wissenschaftlern wie dem Eliteforscher Michael Hartmann, bei deren Untersuchungen seit Jahren immer wieder das Gleiche herauskommt: dass man in Deutschland, um Spitzenmanager zu werden, vor allem eines braucht – die richtige Herkunft. Von oben, sagen sie, geht es nach oben.

Doch es gibt Ausnahmen.

MARANOLA, EIN ÄRMLICHES Bergdorf zwischen Rom und Neapel. Von den Unruhen des Zweiten Weltkriegs bekommen die Bauern kaum etwas mit. Saverio De Meo wächst mit neun Geschwistern auf.

Als die Familie dort oben kein Auskommen mehr hat, zieht sie bergabwärts ins Küstenstädtchen Formia. Die Ziegelei am Ort verspricht Arbeitsplätze. Nur fünf Jahre besucht Saverio eine Schule. Danach muss er Geld verdienen, geht als Zuschneider in einen Schneidereibetrieb. Bis auch in Formia die Arbeit knapp wird.

„Wollt ihr Arbeit haben? Dann kommt mit nach Deutschland! Steigt in den Zug ein!“ Frühjahr 1960, deutsche Anwerber ziehen durch Formias Straßen. Saverio, 23 Jahre alt, zögert keinen Tag lang. Steigt in Formia ein und, nach 30 Stunden Bahnfahrt, in Burladingen wieder aus.

Burladingen? Das ist ein Ort auf der Schwäbischen Alb, von dem er noch nie gehört hat, mit Einwohnern, deren Sprache er nicht kennt. Man will ihn in der Textilfabrik beschäftigen.

Doch als er hier seine spätere Frau kennenlernt, Maria, eine Burladinger Lohnnäherin, und diese, noch minderjährig, von ihm schwanger ist, wird der Ton herzlos: Zeitweise könne man die Italiener ja gebrauchen, aber Familien sollen sie doch bitte nicht hier gründen. Das ist die Meinung im Dorf, als der kleine Francesco, die Hauptperson dieser Geschichte, am 9. Dezember 1963 die Welt betritt.

Unehelich geboren, Migrantenkind, Vater ohne Hauptschulabschluss, karge Lebensverhältnisse – die Zukunft scheint klar vor Francesco zu liegen. Sieht man sich die Ergebnisse der soziologischen Forschung an, wäre das auch heutzutage nicht anders.

„Bildungschancen“, so steht es im Armutsbericht der Bundesregierung, werden durch die Sozialisation gewissermaßen „vererbt“, über Generationen hinweg. Und mehr noch: In kaum einem Land ist der Zusammenhang zwischen sozialer Herkunft und Aufstiegschancen so stark wie in Deutschland.

Das bestätigen alle Pisa-Studien. Von Kindern, deren Vater Abitur hat, nehmen 84 Prozent ein Hochschulstudium auf – bei Kindern von Vätern mit einem Hauptschulabschluss sind es nur 21 Prozent. Aus „ungelernten Arbeiterfamilien“ schaffen sogar nur elf

Maria De Meo wurde Anfang der 1960er Jahre unehelich mit Francesco schwanger – noch dazu von einem italienischen Gastarbeiter. Das war auf der Schwäbischen Alb unerhört

In Burladingen ist Francesco De Meo groß geworden. Der Halbitaliener hatte nur wenige Freunde. Aber er las jede Woche zehn Bücher

von 100 Kindern den Sprung auf eine Hochschule. Eine gefährliche Tendenz für ein Land wie Deutschland, denn die Zahl der Abiturienten wird aufgrund der demografischen Entwicklung langfristig sinken – und gleichzeitig der Anteil von jungen Migranten zunehmen, jenen Menschen also, die vergleichsweise selten studieren.

Gemeinsam mit seinem Vater trägt der siebenjährige Francesco morgens vor Schulbeginn Zeitungen aus

Bis Francesco sich bis zum Abitur durchgekämpft hat, muss er noch viele Hürden nehmen. Dabei deutet sich – der Junge ist gerade ein Jahr alt – ein bildungspolitischer Aufbruch an: 1964 prangert der Philosoph und Theologe Georg Picht als einer der Ersten den Bildungsnotstand und die damit zusammenhängende soziale Ungleichheit an. Es gebe zu wenige Abiturienten – und viel zu wenige Arbeiterkinder auf den Gymnasien.

Statt damals zehn Prozent machen heute 44 Prozent aller Schüler Abitur oder Fachabitur. Ein Fortschritt. Doch nicht für alle. Denn gerade die Bildungsförderung, die der Unterschicht den Aufstieg erleichtern sollte, hat das Gefälle zwischen Reich und Arm, zwischen Gebildet und Ungebildet noch vergrößert. Die Mittel- und Oberschichtseltern legen sich für ihren Nachwuchs heute mehr denn je ins Zeug: Chinesisch im Kindergarten. Nachhilfe in der Grundschule. Auslandsschuljahr auf dem Gymnasium.

Die bildungsfernen Eltern dagegen, zu denen auch viele Einwanderer zählen, haben nicht mitgezogen: Fast jeder fünfte Migrant verlässt die Hauptschule ohne Abschluss, während es in der übrigen Bevölkerung nur jeder Fünfzigste ist. Von unten geht es nach unten.

Auch Francescos Eltern wissen mit „Bildung“ nichts anzufangen. Wovon sie träumen, ist handfester. Eines Abends, Francesco ist sieben Jahre alt, verkündet der Vater, er wolle ein eigenes Haus für die Familie. Sie bräuchten deshalb mehr Geld. Francesco und seine jüngere Schwester müssten nun mitverdienen. „Für meinen Vater", sagt De Meo, „war das nichts Besonderes. Er hatte das als Kind ja auch getan."

Gemeinsam mit dem Vater trägt der Junge nun morgens vor Schulbeginn Zeitungen in den Arbeitersiedlungen aus. Und am Wochenende die Sonntagsblätter. Mit einer Tasche vor dem Bauch, in der er die Kasse verwahrt, wird der Junge allein in die Wirtschaften geschickt. Kinder, so sagt sich der Vater, bringen mehr Trinkgeld.

Abends zählen Vater und Sohn die Einnahmen, jedes Mal erwartungsvoll. Und oft überrascht über den steigenden Absatz. War es der Leistungsanspruch des Vaters, der Francesco vermittelte: Anstrengung lohnt sich?

ARBEIT, LEISTUNG, sich für eine Sache anstrengen: Diese Werte rangieren in der heutigen Unterschicht weit hinten. Zu diesem Schluss kommt eine Studie der Friedrich-Ebert-Stiftung über „Gesellschaft im Reformprozess". Ganz vorn steht der Konsum.

Vor allem der Medienkonsum. Je ärmer die Familien sind, desto häufiger haben die Kinder ihre eigenen Fernsehgeräte und Computerspielkonsolen, so das Ergebnis einer Untersuchung des Hannoveraner Sozialforschers Christian Pfeiffer. Er sagt: „Die Geräte bestimmen ihre Freizeit."

Francesco hat keine Freizeit. Sein Tag ist streng durchgetaktet. Um fünf Uhr früh klingelt der Wecker: Zeitungen austragen. Schule. Mittagessen aus der Fabrikkantine abholen. Hausaufgaben erledigen. Pakete auf Eisenbahnwaggons wuchten – ein weiterer Nebenjob. Wohnung aufräumen. Abends, wenn die Eltern von der Arbeit kommen, soll alles fertig sein. Mit Freunden spielt Francesco nicht. „Der Kontakt

Geschäftsessen mit Kollegen aus der Führungsebene des von De Meo geleiteten Klinikkonzerns

Helios: Mittlerweile, sagt der Chef, könne er sich erlauben, gegen die üblichen Kleidungsvorschriften zu verstoßen

nach draußen" sind für ihn Bücher. Zehn liest er jede Woche. Montags holt er Nachschub aus der Bibliothek.

In der Grundschule bekommt der zierliche Halbitaliener die Feindseligkeit seiner Mitschüler zu spüren. Erst als er beginnt, ihnen bei den Hausaufgaben zu helfen, ändert sich deren Verhalten. „Das war so meine Technik", sagt De Meo: „Jene Leute schlau zu machen, die mich emotional ausgrenzten."

In dieser Zeit spielt Ingrid Maier, seine Lehrerin, eine wichtige Rolle. Bei ihr zählt nur die Leistung. „Sie steckte mich nicht in die Schublade: arme Eltern, italienischer Vater", sagt De Meo. Ingrid Maier erinnert sich noch heute gern an ihren Schüler: dass er zwar vor jeder neuen Aufgabe zurückschreckte – „Kann ich das überhaupt?" –, dass er danach aber „alles aufgesogen hat wie ein Schwamm".

Als sie Francescos Vater empfiehlt, seinen Sohn aufs Gymnasium zu schicken, weiß der Vater nicht, was das ist: Gymnasium. Doch die Lehrerin macht sich stark für ihren Schüler. Womöglich denkt sie dabei an ihren eigenen Aufstieg aus ärmstem Flüchtlings- und Arbeitermilieu. „Ich wusste, er wird das schaffen", sagt sie.

NORMALERWEISE müssen Arbeiterkinder deutlich bessere Leistungen erbringen als Akademikerkinder, um eine Gymnasialempfehlung zu bekommen, so das Ergebnis der IGLU-Studie 2006, einer Untersuchung an rund 400 Grundschulen.

Damit Lehrer Kinder von un- und angelernten Arbeitern als geeignet für den Besuch eines Gymnasiums beurteilen, müssen diese erheblich mehr Lesekompetenz beweisen. Während bei Akademikerkindern schon 537 Punkte ausreichten, überzeugten Arbeiterkinder ihre Lehrer erst bei 614 Punkten. „Es gibt kein Land der Welt", sagt Dieter Frey, Psychologe an der Ludwig-Maximilians-Universität München, „bei dem das Elternhaus einen stärkeren Einfluss auf die Schulleistung hat als Deutschland."

Bei gleichen kognitiven Fähigkeiten und gleicher Leseleistung haben Kinder aus der Oberschicht daher eine mehr als zweieinhalbmal so große Chance, eine Gymnasialempfehlung zu bekommen, wie Kinder von Arbeitern, heißt es in der Studie. Diese ungerechte Behandlung hat sich zwischen der ersten Untersuchung von 2001 und einer zweiten aus dem Jahr 2006 noch verstärkt – trotz aller Bildungsdebatten um soziale Ungleichheit.

Welches Besteck gehört zu welchem Gang? Francesco De Meo rettete sich durch Abgucken aus heiklen Situationen

Die Geringschätzung vonseiten der Lehrer wiederum beeinflusst das Selbstbild der Kinder: Arbeiterkinder sehen sich oft als eher schwache Schüler. Nur wenige sind so motiviert und durchsetzungsstark, dass sie es trotz allem bis zum Abitur schaffen.

Im Gymnasium angekommen, stellen sich Francesco neue Hürden in den Weg. Er trägt die Hosen seiner Cousins auf – und die sind mal zu kurz, mal zu lang. Seine schwarzen Haare sind fettig, weil die Familie De Meo kein warmes Wasser hat und die Kinder ihre Haare nur selten waschen.

Doch wieder hat er Glück. Diesmal mit Sonja, einer Mitschülerin. Er ist in sie verliebt. „Du hast Hosen, die sind viel zu kurz", sagt sie ihm. „Und du hast fettige Haare. Du siehst so ganz anders aus als die anderen." Doch dann fügt sie diesen unvergesslichen Satz hinzu: „Gerade das finde ich ganz toll an dir." Da habe er zum ersten Mal gemerkt, sagt De Meo, dass er seine Besonderheiten auch *gegen* die Erwartungen anderer Menschen bewahren kann – und dafür sogar geschätzt wird. „Ein Schlüsselerlebnis."

Doch immer wieder bricht sein Selbstwertgefühl ein: Im Gymnasium traut er sich nicht, einen seiner Mitschüler mit nach Hause zu bringen. „Dann hätten sie eine Welt gesehen", sagt De Meo, „die für sie völlig unvorstellbar gewesen wäre."

Er schämt sich auch, als er von einem Schulkameraden, einem Notarssohn, in dessen Haus eingeladen wird. Ob die Gastgeber seine Bildungslücken entdecken? Als man sich über Tschaikowski unterhält, dessen Namen er noch nie gehört hat, täuscht er Unbefangenheit vor: „Tschaikowski? Ich kenne nicht viel von ihm. Können Sie mir etwas erzählen?"

Entweder, sagt De Meo, bekommt man in so einem Fall einen Kurzlehrgang, den jeder gern gibt. Oder man merkt, dass der andere auch nichts von Tschaikowski weiß außer dem Namen. Noch heute kann es passieren, dass er in vergleichbaren Situationen diese Strategie anwendet.

Manchmal rettet er sich aus heiklen Situationen durch Abgucken. Welches Besteck nimmt man beim Essen für welchen Gang? Francesco, 16-jährig und wieder mal zu Gast bei einem Schulfreund, ist verwirrt über die verschiedenen neben seinem Teller arrangierten Teile. Er wartet aufmerksam ab und macht es dann wie die Mutter seines Mitschülers.

„Wie man sich oben bewegt, das lernt man nur, wenn man in diesem Milieu aufgewachsen ist und dessen Codes kennt", sagt der Eliteforscher Michael Hartmann. Da geht es um den richtigen Habitus, Souveränität und Selbstbewusstsein, den richtigen Dress- und Verhaltenscode.

Hartmann vermutet, dass in den persönlichen Auswahlgesprächen, die viele Universitäten heutzutage abhalten, „eine gezielte soziale Selektion" stattfinde. Auch Hein Kötz, der Gründungspräsident der Bucerius Law School, der ersten Elite-Hochschule für Jurastudenten, ist überzeugt, dass

An seinem Stehpult hinter den Bildschirmen wird Francesco De Meo fast unsichtbar. Die Tür zu seinem Büro steht immer offen. Auf Vorzimmer, Chauffeur, Chefsekretärin verzichtet er

„gewisse Umgangsformen" bei den mündlichen Auswahlverfahren eine Rolle spielen. „Da muss ein Prüfer schon eine Kröte schlucken", sagt er, „um souverän zu jemandem, der etwas zu robust auftritt, zu sagen: ‚Du bist intelligent, scharfsinnig und originell. Alles andere ist mir ganz egal.'"

Einer der vielen Codes, die das Signal aussenden: „Ich bin einer von euch", ist der kenntnisreiche Blick auf die Weinkarte. Jahrelang kann De Meo da nicht mitreden. Heute gilt er als Weinkenner. Zu Unrecht, sagt er, doch er weiß den Grund: Erstens äußert er sich nur zu sehr wenigen Weinsorten, über die er sich vorher gut informiert hat. Zweitens dürfen diese Weine nicht teuer sein. „Wer gute Weine empfiehlt, die nicht viel kosten", sagt er, „der erscheint als größerer Weinkenner als der, der seine Wahl nach Namen und Preisschild trifft."

Jahrelang hat De Meo um Anerkennung gerungen. Hat sich bemüht, möglichst wenig falsch zu machen. Erst tat er es für die Eltern. Trug dazu bei, dass sie sich ihren größten Wunsch erfüllen konnten, das eigene Haus. Später tat er es, um dazuzugehören: in der Schule, im Dorf, überhaupt im Leben. „Diese Anstrengung darf man nicht unterschätzen", sagt er.

Anerkennung durch andere ist ihm heute nicht mehr erstrebenswert. „Mittlerweile", sagt er, „kann ich es mir erlauben, mich auch gegen Codes zu verhalten, solange die unsichtbare Grenze zur Respektlosigkeit nicht überschritten wird."

Selbst in Aufsichtsratssitzungen erscheint der Manager, der gern in italienischen Modezeitschriften blättert, zuweilen in hochgekrempelten Jeans und Stiefeln. Sein eigener, sein italienischer Code. „Wer immer die konservative Richtung beibehält und nach Labels, Glamour und Maßanzügen sucht, wird mich dann zwar meiden", meint De Meo. Für ihn sei das „okay", es erspare ihm „anstrengende Small Talks".

BIS ER SO WEIT kommt, dass nicht andere, sondern er selbst die Richtung vorgibt, ist es ein weiter Weg. Er ist zehn, als der Vater vorn im Fiat sitzt, und er, Francesco, dahinter auf dem Fahrrad, mit dem Vorderreifen an der Stossstange.

Der Vater fährt an. Erhöht das Tempo. Francesco hält tapfer im Windschatten mit. Schneller und schneller. Er ist begeistert. Tritt in den Radsportverein ein. Trainiert drei Stunden täglich. Lernt dabei Dinge, die ihm bis heute nützen: den Willen stählen, Qualen ertragen, durchhalten.

Er fährt im Leistungskader Baden-Württemberg. Siegt in Formia, der Heimatstadt seines Vaters. Ist beim Giro

tik, werde man nie oben ankommen. Wenn man aber nur auf eine einzelne Serpentine sehe und sich sage: „Die hab ich geschafft, und jetzt kommt wieder eine", dann sei man irgendwann am Ziel.

Doch nur wenige halten durch wie De Meo. Die Wirtschaftselite ist eine abgeschlossene Kaste, zeigen die Studien des Soziologen Michael Hartmann. Selbst dann spiele die Herkunft noch eine Rolle, wenn man es als Angehöriger der Unterschicht bereits bis zum Doktortitel geschafft habe.

Hartmann hat 6500 Promovierte verglichen. Ergebnis: Der Sohn etwa eines leitenden Angestellten mit einer Promotion in Jura, Ingenieur- oder Wirtschaftswissenschaften hat eine zehnmal so große Chance, in die Führungsebene eines Großunternehmens einzuziehen, wie der promovierte Sohn eines Arbeiters.

War der Vater selbst schon Vorstandsmitglied oder Geschäftsführer eines größeren Unternehmens, so hat dessen Sohn sogar eine 17-mal so große Chance wie ein Arbeiterkind. Sogar Topmanager bezweifeln, dass die deutsche Gesellschaft durchlässig ist. Vier von zehn Führungskräften glauben nicht, dass jeder – seiner Leistung entsprechend – die Chance hat, an die Spitze zu gelangen. 70 Prozent sind davon überzeugt, dass bei Beförderungen das Netzwerk die entscheidende Rolle spielt. „Statt einer Auswahl der Besten", kritisiert Hartmann, „treffen die Entscheider eine Auswahl der Ähnlichen."

De Meo aber, der Unähnliche, verbucht weitere Etappensiege: Erstes Staatsexamen. Zweites Staatsexamen. Promotion. Alles gute Abschlüsse, aber nicht überragend. Das ändert sich erst in der beruflichen Praxis. Erste Anstellung in einer Anwaltskanzlei.

„De Meo war ein brillanter Mann", erinnert sich Rolf Schütze vom angesehenen Büro Thümmel, Schütze & Partner. Der Gipfel seines Aufstiegs liegt zu diesem Zeitpunkt schon nicht mehr allzu fern, doch De Meo selbst hat ihn immer noch nicht im Blick.

Auch Ingrid Maier, Francescos Lehrerin, kommt aus kleinen Verhältnissen. Für sie zählte nur Leistung, nicht Herkunft. Deshalb empfahl sie den Halbitaliener fürs Gymnasium

Er braucht nur noch eine Serpentine zu nehmen: arbeitet sieben Jahre lang bei einer Unternehmensberatung, befasst sich dort mit der Post- und Telekom-Privatisierung. Schließlich meldet er sich – er ist inzwischen 36 – auf die Anzeige eines Headhunters, der einen Anwalt für einen privaten Klinikbetreiber sucht. „Ich wusste gar nicht", sagt De Meo, „dass es solche Krankenhausunternehmen in privater Trägerschaft gibt."

»Ich habe alles falsch gemacht. Mach du es besser«, sagte sein Vater zu ihm, als er starb

Im Jahr 2000 steigt er dort ein. Die Firma besitzt damals 14 Kliniken und rund 6000 Mitarbeiter. Schon nach sechs Monaten Probezeit wird De Meo einer von damals vier Geschäftsführern. Sie kaufen Kliniken, die rote Zahlen schreiben. Sanieren. Kaufen weiter. Ein weiterer Geschäftsführer kommt dazu. Sie werden die „Wilden Fünf" genannt, so rasant, wie sie voranpreschen. 62 Kliniken und über 30 000 Mitarbeiter gehören heute zum Konzern. Der Umsatz im vergangenen Jahr: knapp 2,1 Milliarden Euro. Seit 2008 ist De Meo Vorsitzender der Geschäftsführung. Mit einem Verdienst von 425 000 Euro im Jahr und, bei entsprechendem Erfolg, einem Bonus von 600 000 Euro.

SEIN FÜHRUNGSSTIL fällt aus dem Rahmen, so wie sein Lebensweg. Kein Vorzimmer. Keine Chefsekretärin. Kein Chauffeur. Er sei „überhaupt nicht so von oben herab", sagt eine seiner Mitarbeiterinnen. Jede Verhandlung, ob Kauf- oder Tarifvertrag, führt der Chef selbst. Warum? Statt zu antworten, stellt De Meo die Gegenfrage: „Wenn mir alles vorbereitet würde und ich es nur noch durchlesen müsste, um zu entscheiden, hat dann das, was dabei herauskäme, noch mit dem wirklichen Leben zu tun?" Hinter seiner geöffneten Bürotür arbeitet er am Stehpult, offen für jeden, der vorübergeht.

Förmliche Reden sind ihm bis heute unliebsame Pflicht, vor allem, weil er immer noch nicht sicher ist, wer in welcher Reihenfolge zu begrüßen ist. Und wer mit welchem Titel. Beim alten Adel, mit dem er manchmal beruflich zu tun hat, hilft ihm dann die Vorwärtsverteidigung: „Ich frage die Damen und Herren einfach, wie sie angesprochen werden möchten. Und bisher haben alle freundlich geantwortet."

Man schätzt seine Direktheit und Offenheit, woran auch die Entlassung von Mitarbeitern nichts geändert hat. Es sind immerhin Hunderte im Jahr. Das gehöre zu seinem Sanierungsjob, sagt er. Es sei der schwerste Teil seiner Arbeit. Um „so etwas" durchzuhalten, müsse man „vielleicht von klein auf erlebt haben, dass das Leben eben auch aus Schwierigkeiten besteht. Und dass es trotzdem weitergeht."

Fühlt er sich nie zerrissen zwischen dem eisernen Sanierer und jenem Kind in sich, dessen Vater die Heimat verließ, weil er dort keine Arbeit mehr fand? Hier weicht der Manager aus: „Indem ich Kliniken saniere, rette ich auch Arbeitsplätze. Sonst würden sie insolvent, und allen müsste gekündigt werden."

Francescos Vater, Saverio De Meo, erlebt den Erfolg seines Sohnes größtenteils noch mit. 2005 stirbt er an einem Hirntumor. Am Abend vor seinem Tod vertraut er seinem Sohn an: „Io ho sbagliato tutto." Ich habe alles falsch gemacht. Mach du es besser! Sein Vater habe es nicht mehr geschafft, erklärt De Meo, sich zwei letzte Träume zu erfüllen: zurück nach Italien zu gehen. Und einen Ferrari zu fahren.

Mach du es besser! Für Francesco De Meo, dessen großes Vorbild sein Vater war, mit dem er Zeitungen ausgetragen und den Spaß am Radrennen entdeckt hatte, ist das wie ein Vermächtnis, auch wenn er nicht von Ferrari und Formia träumt. „Meine Unabhängigkeit ist mir das Wichtigste", sagt er. „Und ich will mehr in meinem Leben machen, als nur zu arbeiten."

An den Wochenenden fährt er mit der Bahn von Berlin nach Hause, nach Petersberg, einem kleinen Ort bei Fulda, in sein Reihenhaus. Dort erwartet ihn das ganz normale Chaos des Alltags: Seine Frau ist eine leidenschaftliche Reiterin und möchte, dass er mit ihr zum Pferdestall kommt. Seine Mutter ist angereist und soll vom Bahnhof abgeholt werden. Seine fünfjährige Tochter will mit ihm und den beiden Hunden nach draußen zum Toben. Doch eigentlich braucht der Sohn, 10, ihn heute am dringendsten – zum Anfeuern beim Judowettkampf.

De Meo scheint dieses Durcheinander zu lieben. Seine Frau empfindet ähnlich. Er ist mit ihr in zweiter Ehe verheiratet. Sie, die studierte Betriebswirtin, leitete eine der Kliniken, als sie sich ineinander verliebten.

Dieses eine Mal tanzt De Meo nicht aus der Reihe der statistischen Norm: Akademiker heiratet Akademikerin. Die meisten Ehen werden heute im gleichen sozialen Milieu geschlossen. Beruf, Bildungsstand und Aussehen sind die wichtigsten Kriterien. Das fand der Soziologe Hans-Peter Blossfeld von der Universität Bamberg heraus, als er das Verhalten bei der Partnersuche im Internet erforschte.

Typisch ist für Blossfeld jene Apothekerin, die auf Briefe von Juristen, Ärzten und Informatikern antwortet, die Mail eines Werkzeugmachers aber schnell wegklickt. Der Werkzeugmacher hat auch bei einer Produktmanagerin, einer Betriebswirtin und einer Ingenieurin keine Chance. Blossfeld spricht von einer „zunehmenden Bildungshomogamie".

Früher sei das anders gewesen: Da heiratete jeder zweite Mann nach unten und somit jede zweite Frau nach oben. Das führte, so Blossfeld, zum „Aschenputtel-Effekt": Die Milieus und gesellschaftlichen Schichten hätten sich gemischt. Inzwischen heirate nur noch jeder fünfte Mann nach unten. Ganz anders, als noch vor Jahrzehnten vorhergesagt, schotten sich die sozialen Schichten auf diese Weise voneinander ab, sagt Blossfeld, und die soziale Distanz steigt.

SEIT EINEM JAHR sitzt De Meo in der Jury der Robert-Bosch-Stiftung und der Landesstiftung Baden-Württemberg, die Migrantenkinder für Schülerstipendien auswählt. Begabt müssen sie sein und aus einem sozial schwachen Umfeld kommen. „Ich will ihnen den Aufstieg erleichtern", sagt er. „Ihnen vermitteln: Ja! Du schaffst es."

Die jungen Stipendiaten bilden inzwischen ein Netzwerk. Tauschen sich über Probleme aus. De Meo beneidet sie fast ein wenig: „So etwas hätte ich auch gern gehabt." Dem Einwurf, dass er es doch allein auch gut hingekriegt habe, entgegnet er nachdenklich: „Es hätte ja auch alles schiefgehen können."

MEHR ZUM THEMA:

Michael Hartmann: **Eliten und Macht in Europa.** Campus 2007, 268 Seiten

Harry Friebel: **Kinder der Bildungsexpansion und das „Lebenslange Lernen".** Ziel 2008, 185 Seiten

Julia Friedrich: **Gestatten: Elite. Auf den Spuren der Mächtigen von morgen.** Hoffmann und Campe 2008, 256 Seiten

Um die Zukunft seiner eigenen Kinder braucht sich De Meo indes keine Sorgen zu machen. Die Wahrscheinlichkeit, dass Kinder eines Spitzenmanagers nur einen Hauptschulabschluss erreichen, ist in Deutschland heute verschwindend gering. □

Die Hamburger Autorin **Dr. Marion Rollin**, 63, bedauert, dass nicht viel mehr Migranten die deutsche Wirtschaftselite aufmischen. **Daniel Rosenthal**, 35, ist Reportagefotograf und lebt in Berlin.

EPIGENETIK

DIE PRÄGUNG IM MUTTERLEIB

VON KIRSTEN BRODDE

Schon vor der Geburt können bei Ungeborenen Krankheitsrisiken und Verhaltensmuster angelegt werden – durch sogenannte epigenetische Effekte. Damit müssen, so zeigen Studien, nicht nur die Kinder selbst leben, sondern auch deren Nachfahren

Zweiter Weltkrieg, Winter 1944/45: Im Westen der Niederlande hungern die Menschen. Die deutsche Wehrmacht hat sie von allen Lebensmittellieferungen abgeschnitten, Zehntausende sterben. Viele, die damals zur Welt kamen, leiden noch heute an den Folgen ihrer Unterversorgung als Ungeborene: an verschiedenen Stoffwechselkrankheiten, vor allem an Diabetes.

Ihre schwangeren Mütter mussten mit nur etwa 500 Kilokalorien am Tag auskommen und erhielten dadurch zu wenige jener Nährstoffe, die für das Wachstum und die Entwicklung des Fötus wesentlich sind.

Doch die gleichen Krankheitsrisiken traten auch noch in der nächsten Generation auf. Und dann sogar in der dritten. Kann die Ernährung der Großmütter tatsächlich noch die Enkelkinder krank machen?

Etliche Studien bestätigen diese Vermutung. Einschneidende Erfahrungen im Mutterleib wie etwa Hunger, aber auch psychischer Stress, wirken noch Jahrzehnte nach und prägen folgende Generationen.

Derartige Umwelteinflüsse hinterlassen ihre Spuren im Erbgut des Menschen. Zwar nicht im Rohtext der Erbinformation, also der Basenfolge der DNS, sondern sie bestimmen mit, auf welche Art diese Information abgelesen und in der Zelle in Eiweißstoffe übersetzt wird.

Dieses Phänomen fassen Forscher unter dem Begriff Epigenetik (griech. *epi* = zusätzlich) zusammen.

Die zentrale Aussage der jungen Forschungsrichtung lautet: Gene reagieren auf Einflüsse von außen und können von diesen in ihrer Aktivität zum Teil dauerhaft verändert werden.

Gut erforscht ist inzwischen die Chemie der Epigenetik. Als entscheidende Moleküle gelten die sogenannten Methylgruppen, die an Gene angehängt oder entfernt werden, und die wie An- oder Ausschalter fungieren. Dort wo diese Verbindungen andocken, wird ein Gen nicht mehr abgelesen, es bleibt stumm.

Ob das positive oder negative Auswirkungen hat, hängt vom jeweiligen Einzelfall ab: Manchmal wird auf diese Weise ein Gen unterdrückt, das vor Krebs schützt, ein anderes Mal werden vielleicht schädliche Gene stumm geschaltet.

Traumatische Erfahrungen hinterlassen mitunter Spuren im Erbgut

Doch was ist der evolutionäre Sinn dieser „formbaren“ Gene? „Die chemische Markierung der Erbsubstanz hilft dem Körper, sich auf Sonderfälle einzustellen und gerüstet zu sein, sollten sie sich wiederholen“, erklärt Florian Holsboer vom Max-Planck-Institut für Psychiatrie in München.

Auf das Beispiel der hungernden Mütter bezogen heißt das: Deren Kinder konnten ein Maximum an Energie aus einem Minimum an Nahrung ziehen; sie waren gut für eine Hungersnot gerüstet – nicht aber für eine Gesellschaft, in der dem Einzelnen die Kalorien geradezu aufgedrängt werden. Daher der Diabetes.

Der Psychiater Holsboer geht davon aus, dass auch traumatische Erfahrungen Spuren im Erbgut hinterlassen und auf diese Weise die Persönlichkeit von Kindern, Enkeln und selbst noch Urenkeln prägen können.

So stellte seine New Yorker Kollegin Rachel Yehuda bei Babys von Frauen, die das Attentat auf das World Trade Center im September 2001 erlebt hatten, anomale Stressreaktionen fest, die offenbar genetisch bedingt waren. Vermutlich hatte sich die Regulation eines oder mehrerer Gene, die für die Stressreaktion verantwortlich sind, verändert. Rachel Yehuda und Florian Holsboer verfolgen nun, ob dieser Effekt dauerhaft ist und womöglich bei den nun Heranwachsenden zu psychischen Problemen führen wird, etwa zu einer übergroßen Ängstlichkeit. Herausfinden wollen die Forscher auch, ob es sinnvoll ist, schwer traumatisierte Menschen sogleich mit Antidepressiva zu behandeln, um unerwünschte epigenetische Veränderungen zu verhindern.

Entwicklungspsychologen gehen ohnehin davon aus, dass die Gefühlswelt der Mutter das Seelenleben des Ungeborenen beeinflusst. Je nachdem, wie ausgeglichen oder stressgeplagt sie die Schwangerschaft erlebt, entscheidet sich mit, wie gut der Nachwuchs und etwaige Nachfahren später mit belastenden Erlebnissen zurechtkommen, wie widerstandsfähig oder labil sie sind.

In der Nachkriegszeit gab es oft nicht genug zu essen. Hunger bei schwangeren Frauen führte später bei vielen ihrer Kinder – und auch bei den Enkeln – zu einem erhöhten Diabetes-Risiko

„Sicher ist: Schon vor der Geburt wird bestimmt, auf welche Sollwerte wir eingestellt sind", sagt der Essener Humangenetiker Bernhard Horsthemke.

Wer etwa durch das Übergewicht seiner Mutter epigenetisch aufs Dicksein programmiert sei, dem helfe als 30-Jährigem eine Diät meist nicht viel. Sein Essverhalten, sein Metabolismus und damit sein körperliches Erscheinungsbild seien weitgehend festgelegt.

Und der Berliner Geburtsmediziner Andreas Plagemann hat nachgewiesen, dass zuckerkranke und dicke Schwangere ihrem Kind eine Neigung zum Diabetes weitergeben. Mit den Genen selbst habe das nicht unbedingt zu tun: Vielmehr führe ihr aus dem Ruder gelaufener Stoffwechsel dazu, dass der Hormonhaushalt und der interne Signalverkehr des Fötus gestört seien. Dann schütze selbst eine gesunde Lebensweise der Kinder nur noch begrenzt vor einer Erkrankung.

Eine frühe Prägung kann entscheidend sein, bestimmte Entwicklungen aber lassen sich durch gezieltes Gegensteuern dennoch verhindern. Das zeigte sich bei einem Experiment des US-Biologen Larry Feig von der Tufts University in Boston: Er setzte Mäuse mit einem genetisch bedingten Gedächtnisdefekt nach der Geburt für zwei Wochen einer anregenden Umgebung mit bunten Spielsachen, viel Bewegung und Kontakt mit anderen Mäusen aus.

Das regte die Gedächtnisleistung der Tiere deutlich an, sogar über drei Monate hinweg – und damit lange genug, um Nachwuchs zu zeugen. Und der, stellte Feig fest, profitierte von den guten Lebensbedingungen der Mütter: Trotz des geerbten Genfehlers funktionierte ihr Erinnerungsvermögen.

Ähnlich positive Auswirkungen kann eine gesunde Ernährung haben. Das belegt ein Fütterungsversuch des US-Biologen Randy Jirtle. Er versorgte Mäuse – die durch eine genetische Veränderung ein gelbes Fell hatten, gefräßig und anfällig für Krankheiten waren – mit einer Spezialdiät. Allein dadurch bekamen die meisten Nachkommen der Nager ein normales braunes Fell. Sie hatten zwar das mutierte Gen geerbt, aber angelagerte Methylgruppen schalteten es ab. Mehr noch: Die Tiere blieben bis ins hohe Alter flink, schlank und gesund. Das Interesse an solchen Effekten ist verständlich, denn wenn Genetiker von Mäusen sprechen, meinen sie meist auch Menschen.

Die neuen Erkenntnisse sollten allerdings nicht zu der Hoffnung verleiten, das Epigenom ließe sich beliebig manipulieren. Niemand weiß derzeit, wie sich zielgerichtet in die Methylierungsmaschinerie in den Zellen eingreifen ließe.

Ist jedoch beispielsweise bekannt, dass ungesunde Ernährung nicht nur einen selbst krank macht, sondern auch die Nachfahren, wird sie zur ethischen Frage. Sollte sich also endgültig bestätigen, dass epigenetische Muster weitervererbt werden, sagt Bernhard Horsthemke, „tragen Schwangere nicht nur für ihr Kind Verantwortung, sondern auch für das Wohlergehen kommender Generationen". □

Die Kündigung

RIJINDER MIER, 50

Eigentlich wollte ich mich bei der Kur im Schwarzwald drei Wochen lang erholen. Als ich nach einer ausgedehnten Skitour am sechsten Tag mein Mobiltelefon einschaltete, war daran nicht mehr zu denken. Zahllose Arbeitskollegen hatten versucht, mich zu erreichen. Einer hatte geschrieben, was los war: Infineon wolle das Werk in München-Perlach schließen, wahrscheinlich würden wir alle unseren Job verlieren.

Erst nach und nach wurde mir klar, was das für mein Leben bedeuten würde. Seit über 20 Jahren war ich bei Siemens beschäftigt, zuletzt bei der Konzerntochter Infineon. Ich entwickelte Verfahren, um die Produktion von Halbleitern in sogenannten Reinräumen möglichst „sauber" zu halten – anspruchsvoll, aber eine absolute Nischentätigkeit. Bis dahin war ich sicher, so werde es bis zur Rente weitergehen.

Doch seit diesem Tag, dem 24. Februar 2005, war alles anders. Wie sollte ich mit 46 Jahren und meiner Spezialisierung eine neue Anstellung finden? Meine Frau war nicht berufstätig, beide Kinder studierten. Außerdem hatten wir ein Haus gebaut, auf dem noch Schulden in sechsstelliger Höhe lasteten. Bei unserer Zukunftsplanung hatten wir uns ganz auf die Sicherheit meines Arbeitsplatzes verlassen.

Ich unterbrach die Kur und fuhr nach Hause. Die plötzliche Ungewissheit war unerträglich – ich sah uns vor dem Nichts stehen. Nur langsam erholte ich mich von dem Schock und versuchte nach vorn zu sehen. Ich wusste, ich bin ein Tüftler, hatte schon mehrere Erfinderprämien gewonnen: Irgendetwas sollte mir schon einfallen.

Nach langen Gesprächen mit meiner Frau und der endgültigen Schließung des Werks stand fest: Ich wage den Sprung in die Selbstständigkeit. Ließe sich die Reinraum-Technologie nicht auch für Allergiker nutzen? Darüber hatte ich schon seit Längerem nachgedacht. Erste Produktideen nahmen Gestalt an, gleichzeitig besuchte ich Schulungen zur Existenzgründung, lernte Steuerrecht, Marketing und Finanzierungsmodelle. Ich fühlte mich unwohl in dieser neuen Materie, zweifelte, ob das der richtige Weg war. Doch ich konnte nicht mehr zurück. Was hätte ich auch sonst tun sollen?

Inzwischen verkaufe ich Wäsche und Bettbezüge für Allergiker, die ich aus einem besonderen Mikrofasermaterial entwickelt habe. Außerdem bin ich als Sachverständiger für Raumluftmessungen unterwegs. Die Familie kann von dem Geld gut leben, mein Büro habe ich im Haus.

Aus dem Verlust meines Arbeitsplatzes hat sich ein erfolgreicher beruflicher Neubeginn ergeben. Die Sicherheit einer großen Firma fehlt mir nicht mehr.

Der Verlust des langjährigen Arbeitsplatzes hat Rijinder Mier zunächst geschockt – dann aber seinen Ehrgeiz geweckt. Er machte sich selbstständig und ist nun Chef einer eigenen Firma

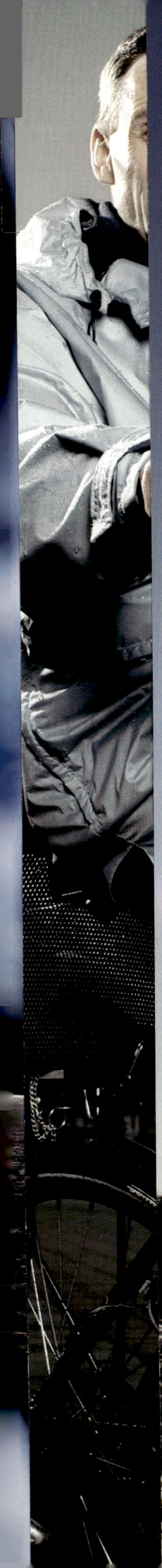

Hamilton Jordan, der Stabschef des früheren US-Präsidenten Jimmy Carter, erkrankte 1985 unvermittelt an Krebs. Er ließ Operation und Chemotherapie über sich ergehen und lernte zu akzeptieren, dass sein Leben akut bedroht war. Ein Schicksalsschlag.

Dennoch war Jordan in der Lage, neben Anspannung und Angst auch Positives wahrzunehmen: „Danach wurden mir selbst die kleinsten Freuden des Lebens bedeutsam", schrieb er in seiner Autobiografie, „ein schöner Sonnenuntergang, von meinem Kind umarmt zu werden, mit meiner Frau Dorothy zu lachen."

Das neue Lebensgefühl verblasste nicht, im Gegenteil: Nachdem Jordan zwei Rückfälle erlitten hatte, fand er die einfachen Freuden „überall" – und sie fühlten sich „grenzenlos" an.

Was war mit Jordan, der 2008 an seiner Krankheit starb, geschehen? Kann so etwas Traumatisches wie ein lebensbedrohliches Leiden tatsächlich auch positive Entwicklungen auslösen? Und, wenn ja: Lassen sich solche Prozesse bewusst fördern?

VIELE MENSCHEN WERDEN SICH IHRER EIGENEN **STÄRKE** BEWUSST

Die Psychologen Richard Tedeschi und Lawrence Calhoun von der US-amerikanischen University of North Carolina in Charlotte haben eine neue Forschungsrichtung begründet, die solche Fragen zu klären versucht. Ihr Gebiet ist noch neu, doch es entwickelt sich stürmisch. Für die untersuchten Phänomene werden inzwischen verschiedene Bezeichnungen verwendet: Am gebräuchlichsten ist der Begriff „posttraumatisches Wachstum" – abgekürzt PTG für „posttraumatic growth". Andere Experten sprechen von „thriving", übersetzt etwa „blühen, gedeihen", oder bescheidener davon, dass Betroffene „persönlich reifen".

In den vergangenen Jahren haben Tedeschi, Calhoun und viele Fachkollegen Zehntausende danach befragt, ob sich aus ihrer Beschäftigung mit einem schmerzvollen Ereignis auch etwas Gutes entwickelt habe.

Manche der Studienteilnehmer hatten mit Erinnerungen zu kämpfen – etwa an Kriegserlebnisse, Geiselhaft, den Anschlag auf das World Trade Center oder an einen schweren Autounfall, bei dem sie Helfer waren.

Bei anderen Befragten hatte die Katastrophe die äußeren Lebensumstände verändert. Ihnen war der Partner oder ein Kind verstorben, sie waren plötzlich schwer erkrankt, etwa an einem Herzinfarkt oder an Krebs. Wieder andere setzten sich mit weit verbreiteten Belastungen auseinander, für die der Begriff Trauma im engeren Sinne gar nicht zutrifft, etwa mit einer bedrückenden Scheidung.

Bei all diesen Menschen entdeckten die US-Forscher eine verblüffende Gemeinsamkeit. Gleichgültig, welche Krise sie durchzustehen hatten – fast immer glaubte mindestens jeder zweite Betroffene, dass seine bittere Erfahrung irgendeine Art von persönlichem Wachstum ausgelöst habe. Viele formulierten Sätze wie: „Ich wünschte, es wäre nicht geschehen. Aber es hat mich auch weiter gebracht."

Etliche der Betroffenen berichteten, dass sie ihr Leben mehr als früher schätzten. Viele meinten, dass sie ihre persönlichen Beziehungen bewusster und intensiver pflegten, sich über ihre eigene Stärke klar geworden seien, ihr spirituelles Bewusstsein erweitert oder den Glauben entdeckt hätten.

Fast scheint es so, als führe Unglück jeglicher Art bei sehr vielen Menschen gleichsam automatisch zu Reife, Weisheit und sogar Glück. Doch die Realität ist komplizierter.

Zwar gebe es „eindrucksvolle und anrührende Entwicklungen, die durch schwere Krisen ausgelöst werden", sagt die Traumaforscherin Tanja Zöllner von der Psychosomatischen Klinik Roseneck in Prien am Chiemsee. Doch seien es in den Studien in der Regel ja „die untersuchten Menschen selbst, die Auskunft über ihr persönliches Wachstum gegeben haben" – und solche subjektiven Einschätzungen könnten durch verschiedene äußere Faktoren beeinflusst werden.

Etwa durch kulturelle: Die meisten Studien zum „posttraumatischen Wachstum" sind in den USA entstanden. Bei ähnlichen Untersuchungen in Deutschland und Spanien erklärten die Befragten jedoch weit seltener als die US-Bürger, an ihren Krisen gewachsen zu sein.

Tanja Zöllner vermutet, dass sich viele US-Amerikaner an ein „kulturelles Skript" halten, das von ihnen verlange, auch dem

Negativen immer noch etwas Positives abzugewinnen. Deshalb berichteten sie so über sich, wie es ihre Gesellschaft erwartet – gleichgültig, wie sie sich wirklich fühlten. Die Krebsforscherin Jimmie C. Holland hat für solche in der amerikanischen Gesellschaft verwurzelten Erwartungshaltungen den Ausdruck „Tyrannei des positiven Denkens“ geprägt.

Diese Geisteshaltung steigert womöglich eine ohnehin in allen Kulturen vorhandene Tendenz zum motivierenden Selbstbetrug. „Menschen stabilisieren ihr Gefühlsleben, indem sie sich positive Illusionen über sich selbst machen. Dazu gehört auch, dass sie sich gern als stetig reifend betrachten“, erklärt Tanja Zöllner. „Dies verstärkt sich noch, sobald jemand sich bedroht fühlt.“

Zwei kanadische Sozialpsychologinnen haben das Phänomen im Experiment nachgewiesen. Sie baten Versuchspersonen, sich an ein schlimmes Ereignis zu erinnern, das ihnen kürzlich zugestoßen war. Anschließend wurden sie gefragt, welche Eigenschaften sie vor zwei Jahren gehabt hatten und welche sie heute haben.

Ergebnis: Anders als Personen aus der Kontrollgruppe, die von einem angenehmen Erlebnis erzählen mussten, setzten jene, die durch das Wachrufen der eigenen Erinnerung in ihrem Selbstgefühl bedroht waren, ihr früheres Ich herab.

Sie schätzen es im Vergleich zur Kontrollgruppe als weniger weise, mutig und ehrlich ein. So erschufen sie sich die Illusion, sie hätten sich zum Besseren entwickelt – nach dem Motto: „Wenn schon etwa Schlimmes gesche-

Der Autounfall

MARCEL BERGMANN, 45

Die Afrikareise war ein Geschenk für meinen Vater zum 70. Geburtstag. Wir ließen uns in einem Jeep über die Fernstraße von Mombasa nach Nairobi fahren, ich döste vor mich hin. Plötzlich ein lauter Schlag. Ein Bus drängte uns beim Überholen von der Straße. Der Fahrer kämpfte noch damit, den Wagen wieder unter Kontrolle zu bringen. Vergebens. Der Jeep raste in die Savanne und überschlug sich mehrmals.

Zwei Monate später, im Januar 1995, wachte ich in einem Krankenzimmer in Duisburg auf. Ich hatte mehr als acht Wochen lang im Koma gelegen. Nach und nach erfuhr ich: Vier Menschen, darunter mein Vater, waren bei dem Unfall ums Leben gekommen. Ich selbst würde nie wieder laufen können. Die Wirbelsäule war unterhalb des zwölften Brustwirbels durchbrochen, das Rückenmark durchtrennt. Meine Beine spürte ich nicht mehr.

Meine Freundin Martina war jeden Tag an meiner Seite. Die Kollegen vom ZDF, in dessen Sportredaktion ich als freier Journalist gearbeitet hatte, versicherten mir, dass man mich nach der Entlassung aus der Klinik fest anstellen werde. Dennoch hatte ich das Gefühl, in einer fremden Welt aufgewacht zu sein. Es war das Endgültige, das mich verzweifeln ließ, monatelang. Ich fühlte mich als Krüppel ohne Zukunft, obendrein schuldig am Tod meines Vaters. Wie dankbar wäre ich damals für eine Überdosis eines todbringenden Medikaments gewesen.

Immer wieder musste ich zu neuen Operationen über Wochen in die Klinik. Irgendwann in dieser Zeit kam mir die Eingebung, mit dem Rollstuhl durch China reisen zu wollen. Absurd, ein Traum, der sich nie verwirklichen lässt, dachte ich zunächst. Doch als ich Freunden davon erzählte, bestärkten sie mich. Aus der Idee wurde ein Vorhaben. Noch im Krankenhaus begann ich, unzählige Bücher über China zu lesen. Ich hatte wieder ein Ziel.

Im September 2007 landete ich in Shanghai. Ich befuhr den Li Jiang, erlebte einen sagenhaften Sonnenaufgang auf 1800 Meter Höhe im Huang-Gebirge und legte viele Kilometer mit dem Handbike in der chinesischen Provinz zurück. Begleitet wurde ich von einem Freund aus Malaysia, denn aufgrund meiner schweren Behinderung und der in China meist unüberwindbaren Sprachbarriere war ich oft auf Hilfe angewiesen. Außerdem plagten mich Schmerzen. Und doch ist der Rollstuhl von Tag zu Tag immer mehr aus meinem Bewusstsein gewichen, denn ich war von den täglichen Herausforderungen völlig gefangen genommen.

Nach drei Wochen, am Ende der Reise, saß ich auf der Chinesischen Mauer und war wie benommen vor Glück. Ich hatte das scheinbar Unerreichbare erreicht, lebte ganz in der wunderbaren Gegenwart, die mir trotz des Rollstuhls – oder besser: die mir mit dem Rollstuhl geschenkt wurde. Heute geben mir die Erinnerungen an die Reise immer wieder viel Kraft für den Alltag. Meine Behinderung und die Schmerzen sind zwar auch weiterhin feste Bestandteile meines Lebens, doch haben sich an ihre Seite Vertrauen und große Zuversicht gestellt.

hen ist, dann muss es doch zu irgendetwas gut gewesen sein."

Ist solches Wunschdenken etwas Schlechtes? Nicht unbedingt. Es tröstet. Untersuchungen zeigen, dass fast alle Menschen, die in Extremsituationen um ihr psychisches Überleben kämpfen, dem Unglück ganz pragmatisch begegnen: Sie verdrehen Tatsachen, verleugnen bestimmte Aspekte ihrer Situation oder vermeiden jeden Gedanken an sie.

Manche tun das nur vorübergehend, andere lange Zeit oder sogar dauerhaft. Ob und wie jemand damit zurechtkommt, hängt vom Einzelfall ab.

EINE ERZWUNGENE **AUSSPRACHE** NÜTZT NUR IN WENIGEN FÄLLEN

Heute sehen viele Fachleute die natürlichen Bewältigungsstrategien – zu denen auch intensive Gespräche mit Familienmitgliedern und Freunden gehören – positiver als früher.

„Wenn jemand unmittelbar nach einem traumatischen Ereignis mit der Bitte um Therapie kommt, dann empfehle ich meist, zwei, drei Monate abzuwarten und zunächst auf das soziale Netz und die Selbstheilungskräfte zu vertrauen", sagt Georg Pieper.

Der Marburger Trauma-Experte betreut extrem belastete Klienten – etwa Frauen, die Opfer einer Vergewaltigung geworden sind, oder Autofahrer, die einen Fußgänger überfahren haben. Und er hat Menschen begleitet, die vom Grubenunglück in Borken betroffen waren, von der ICE-Katastrophe in Eschede, dem Amoklauf in Erfurt.

Seine gerade erst traumatisierten Klienten erhalten zunächst allgemeine Hinweise – etwa, vorsichtig mit Alkohol umzugehen, sich bei Bedarf auszusprechen, genug zu schlafen und zu essen und, wenn möglich, das Arbeitsleben weiterzuführen.

Der Grund für diese abwartende Haltung sind neuere Forschungsergebnisse – darunter Studien zum „Debriefing", der notfalls erzwungenen intensiven Gruppenaussprache in den ersten 72 Stunden nach einer Katastrophe.

Diese frühe psychologische Behandlung nützt nur wenigen Teilnehmern, stellte sich heraus. Einigen schadet sie sogar; bei ihnen werden dadurch erst Symptome wie Angst, Anspannung und Schmerzen ausgelöst.

Forscher unterscheiden heute vier mögliche Reaktionen auf ein Trauma im engeren Sinne, also auf eine heftige Konfrontation mit Lebensgefahr oder einem gewaltsamen oder vorzeitigem Tod von Mitmenschen. Sie können sogar angeben, wie viele Menschen einer betroffenen Gruppe welche Reaktion zeigen, wie viele verletzlich sind oder widerstandsfähig. Eine ähnliche Verteilung wurde auch bei Menschen festgestellt, die über eine Trennung vom Lebenspartner trauerten.

Danach entwickeln nur fünf bis zehn Prozent der Traumatisierten eine anhaltende und behandlungsbedürftige „posttraumatische Belastungsstörung" (PTBS) mit Symptomen wie Anspannung, intensiver Furcht, plötzlicher Hilflosigkeit und gedanklich nicht kontrollierbarem Wiedererleben der Schocksituation.

Bei weiteren fünf bis zehn Prozent bricht die PTBS erst nach Monaten, Jahren oder Jahrzehnten aus. In diese Werte sind allerdings auch viele vergleichsweise leichte Traumata wie Verkehrsunfälle eingeflossen. Nach sexuellem Missbrauch, Vergewaltigung oder Folter leidet selbst nach Jahren noch etwa jeder Zweite unter chronischem PTBS.

Ein bis zwei Drittel der Betroffenen quälen sich, je nach Art des Traumas, für einige Monate sehr stark und erholen sich dann.

Die übrigen erweisen sich als „resilient". Das heißt: Sie sind zwar ebenfalls entsetzt, verstört, unglücklich und zeigen eventuell leichte, vorübergehende Stressreaktionen. Doch sie schaffen es, im Alltag relativ unbeeinträchtigt weiter zu funktionieren.

Etliche von ihnen brauchen sich noch nicht einmal en détail mit dem schrecklichen Erlebnis zu beschäftigen – eine Vorgehensweise, die für andere heilsam und nützlich sein kann.

Es ist ein weit verbreiteter Irrtum, das vor allem die Persönlichkeit darüber entscheide, ob ein Mensch bei einem außergewöhnlich schlimmen Ereignis große Widerstandskräfte entwickelt. Sicherlich spielt sie eine Rolle. Nützlich ist zum Beispiel die Fähigkeit, flexibel mit den eigenen Emotionen umzugehen, sie bei Bedarf unterdrücken oder auch zeigen zu können.

Doch den weitaus größten Teil der Resilienz erklären Wissenschaftler heute durch sogenannte Schutzfaktoren. Ganz besonders wichtig ist eine gute soziale Unterstützung. Aber auch ein fester Arbeitsplatz, die Abwesenheit von anderen Belastungen oder ein hoher Bildungsgrad können die Widerstandsfähigkeit erhöhen.

Ist Resilienz damit eine Bedingung für posttraumatisches Wachstum? Nach heutigem Forschungsstand vermutlich nicht. Es gibt sogar einen Typus resilienter Menschen, bei denen eine Weiterentwicklung nach einem Trauma eher unwahrscheinlich ist. Das sind jene, die recht unbeeinträchtigt weiterleben, weil sie sehr gut verdrängen können.

Posttraumatisches Wachstum habe nichts mit subjektivem Wohlbefinden zu tun, sondern mit Persönlichkeitsentwicklung – damit, sich intensiv mit den existenziellen Herausforderungen des Lebens zu beschäftigen, schreiben die britischen Traumaforscher Stephen Joseph und Alex Linley. Dies können auch jene schwer Traumatisierten leisten, die es nicht schaffen, ihren Seelenschmerz zügig und pragmatisch einzudämmen.

Doch wem gelingt so etwas? „Das kann ich auch nach fast dreißigjähriger Arbeit mit traumatisierten Menschen nicht vorhersagen", sagt der Marburger Experte Georg Pieper.

Am häufigsten beobachtet er Wandlungen hin zu einem intensiveren Lebensgenuss – so, wie es der krebskranke Hamilton Jordan beschrieben hat.

Pieper findet es „anrührend" wenn Menschen, die so etwas vorher nie getan haben, „plötzlich stundenlang vor einer Blume sitzen, den Bienen zusehen und sagen: Was habe ich früher nicht alles gemacht, um dem Glück hinterherzujagen".

Man könne sich ein traumatisches Erlebnis „wie ein Erdbeben vorstellen", erklärt Tanja Zöllner: „Der Schicksalsschlag erschüttert oder zerstört die Wertvorstellungen und Überzeugungen, auf denen jemand sein Leben aufgebaut hat. Die stillschweigende Hoffnung, dass einem selbst schon nichts allzu Schlimmes geschehen werde. Die Idee, dass das Menschsein sinnvoll und angenehm sei. Dass es in der Welt gerecht zugehe, dass Geld und Gut bedeutsam seien."

Menschen könnten dadurch motiviert werden, sich mit ihrem bisherigen Leben und ihren Überzeugungen auseinanderzusetzen. Manche erlangten durch das Rin-

Ein bisschen war es so, als ob Zeugen Jehovas einen mit dieser sorgsam kalkulierten Frage überraschen, ob man glücklich sei. Die Wahrscheinlichkeit eines umfassenden Glücks, das sich in einem solchen Moment auch noch mitteilen soll, ist ja eher gering. In diesem Fall war es mein Redakteur, der mich am Telefon fragte, ob ich völlig mit mir im Reinen sei und beruflich wie auch privat nichts im Leben vermisse. Da ich guten Gewissens nicht mit „Ja" antworten konnte, schien ich geeignet zu einer Art Selbsttest, den die Redaktion mir vorschlug.

Ein Mann jenseits der 40, der seit 14 Jahren mehr oder weniger immer das Gleiche tut, obwohl das Gleiche so freundlich ist, immer ein wenig anders zu sein, beginnt sich Fragen zu stellen. Einige stellt er sich sowieso. Andere werden in einer aparten Mischung aus sanftem gesellschaftlichen Druck und früher Midlife-Krise an ihn herangetragen.

Er fragt sich also: Was tue ich alles, was eigentlich überhaupt nichts mit mir zu tun hat? Wo will ich hin? Was wird einmal von mir bleiben? Und auch wenn er kein neidvoller Mensch ist, wird er sich fragen, wieso sein Kollege, den er für nicht wesentlich begabter hält als sich selbst, soeben seinen dritten Bestseller verfasst hat. Und wieso andere ihre Schäflein mit ihren „Feuchtgebieten" ins Trockene bringen, während er oft etwas klamm ist.

In dieser Lage wäre wohl eine Reise ins Reich der eigenen Potenziale angebracht. Die Begegnung mit einem Menschen, der einem erklärt, dass das Licht am Ende des Tunnels nicht zwangsläufig der Zug ist, der über einen hinwegrollen wird. Einer, der nicht die Unzulänglichkeiten, sondern die Fähigkeiten seines Klienten auslotet. Ein Mensch, der sagt, wo man steht, und wo es noch hingehen könnte. Ein psychologisch geschulter Motivationstrainer.

Ein Coach.

MEINE REISE FÜHRT NACH BOCHUM. Campus der Ruhr-Universität, Technologiezentrum, zweiter Stock, viel Stahl und Glas, ein Schild an der Tür: „Profiling Center". Ich sitze in einem quadratischen Büroraum mit blaugrauer Auslegeware. An der Wand zwei abstrakte Bilder, wie eine Meditation über die Farben Gelb und Orange. Ein Tablett mit Kaffeetassen und Mineralwasser auf dem Tisch. Dahinter Flipcharts, die sich im Laufe der nächsten zwei Tage mit meiner Zukunft füllen werden.

Mir gegenüber: Lisa Krelhaus, eine Diplompsychologin, die in diesem Moment die Stirn über den meerblauen Augen ein wenig kraus zieht, weil sie die schwierige Aufgabe hat, mir die Ergebnisse meines „Stärkenprofils" mitzuteilen – das leider auch Schwächen aufweist.

Eine ganze Reihe wissenschaftlicher Tests haben mich seit dem frühen Morgen ins Schwitzen gebracht: neben einem von ihr selbst entwickelten Motivtest (siehe Seite 131), der meine inneren Antriebskräfte prüfte, unter anderem auch die sogenannten Karriere-Anker nach Edgar Schein. Der amerikanische Organisationspsychologe unterscheidet darin nach beruflichen Grundorientierungen, die ausdrücken, was jemand durch seine Karriere anstrebt: Führungskompetenz etwa, Sicherheit, Kreativität oder Autonomie und Unabhängigkeit. Ich neige zu Letzterem.

DIE 54-JÄHRIGE Lisa Krelhaus, die an der Akademie der Ruhr-Universität Bochum den Bereich Wirtschaftspsychologie aufbaute und später leitete, arbeitet hier seit 2001 mit Ansätzen der lösungsorientierten Kurztherapie. Getreu dem Grundsatz: „Finde heraus, was gut funktioniert und passt – und tu mehr davon!", geht diese Therapieform davon aus, dass es hilfreicher ist, sich auf eigene Wünsche, Ziele und Ressourcen zu konzentrieren anstatt auf Probleme und deren Entstehung.

Bei ihren berufsbezogenen Persönlichkeitsanalysen verfährt Lisa Krelhaus nach einem Dreisäulenmodell: Klarheit („Wer bin ich?"), Orientierung („Wo will ich hin?"), Effizienz („Wie kann ich das umsetzen?"). Noch befinden wir uns im ersten Teil. Und in relativer Unklarheit. Die Arbeiten an meinem neuen Leben haben gerade erst begonnen.

Die Coachingwelle, herangerollt aus den USA, hat Deutschland in der vergangenen Dekade erfasst. Seit 2003 hat sich die Zahl der Coaches hierzulande um das 20-Fache erhöht, auf schätzungsweise 40 000. Der Coach ist das Produkt einer neuen ökonomischen Realität – jenes Sogs zur Selbstoptimierung, der das Individuum zwingt, sich unablässig zu entscheiden, sich weiterzubilden und prüfen zu lassen.

Bis vor Kurzem wurde in Deutschland eher belächelt, wer sich, etwa in seiner Firma, coachen ließ. Mittlerweile aber ist Coaching ein Zeichen der betrieblichen Wertschätzung geworden.

Ein Coach ist Berater und Motivator. Kein Therapeut. Es sind nicht behandlungsbedürftige Patienten, die ins Profiling Center kommen, sondern Menschen, deren Selbststeuerungsfähigkeit noch funktioniert und die vor einer Weggabelung stehen: Studenten etwa, die nicht glücklich mit ihrem Fach sind; Firmenmitarbeiter, die nach Höherem streben; Führungskräfte, die in der falschen Position arbeiten und die richtige suchen.

„Auf der Basis ihrer Stärken und Motive biete ich ihnen eine Entscheidungsgrundlage", sagt Lisa Krelhaus. In der Regel bucht man bei ihr einen einzigen Tag. Kosten: ab 1500 Euro.

VIELLEICHT WAR ICH beim Intelligenztest „I-S-T 2000 R" nicht ganz auf der Höhe, weil ich mich am Vorabend von meiner Freundin getrennt hatte. Vielleicht suche ich aber jetzt auch nur nach einer Entschuldigung, und es wäre auch sonst nicht anders gelaufen. Dass ich mit Zahlen nicht viel anfangen kann, war mir klar. Was mich jedoch verblüfft: Eine meiner herausragenden Fähigkeiten liegt angeblich im räumlichen Denken – eine Fähigkeit, von der ich keine Ahnung hatte.

Auf dem Testbogen waren Würfel abgebildet, die, mehrfach verdreht, einem Ursprungswürfel zugeordnet werden mussten. Ich hatte einen Blick darauf geworfen, schnell entschieden, dass ich keinerlei Zugang dazu habe, und dann, auf eigenartige Weise entspannt, einfach angekreuzt. Erstaunlicherweise fast alles richtig.

In anderen Kompetenzfeldern schneide ich unerwartet schlecht ab. Glücklicherweise hält Frau Krelhaus zumindest den Intelligenztest für wenig aussagekräftig: „Das Testergebnis deckt sich überhaupt nicht mit meinem persönlichen Eindruck."

Andere nicht besonders herausragende Ergebnisse würden wahrscheinlich damit zusammenhängen, dass ich nicht besonders stressresistent sei – eine Hypothese, der ich wohl oder übel zustimmen muss. Insbesondere dann, wenn ein Test mir eröffnet, meine sprachliche Intelligenz sei nicht signifikant ausgeprägt, was insofern etwas irritierend ist, weil sich mein berufliches Tun darauf gründet.

Frau Krelhaus sagt: „Bei den Würfeln haben Sie keinen Stress gespürt, weil Sie das von vornherein nicht für Ihr Feld hielten. Wenn Sie in einem schwachen Bereich brillieren können, können Sie sich aber in etwa vorstellen, was erst mit Ihren Stärken möglich ist – wenn sie nicht durch äußeren Druck in ihrer Entfaltung gehemmt werden."

Nun lässt sich in der modernen Arbeitswelt ein gewisser äußerer Druck leider nicht ganz abstellen, aber Frau Krelhaus, die sich gelegentlich auch selbst coachen lässt, rät mir, was ich mir selbst schon oft

»Was tue ich eigentlich alles, was überhaupt nichts mit mir zu tun hat?«

»Ich habe das Gefühl, einen Schatz entdeckt zu haben. Jetzt muss ich ihn nur noch heben«

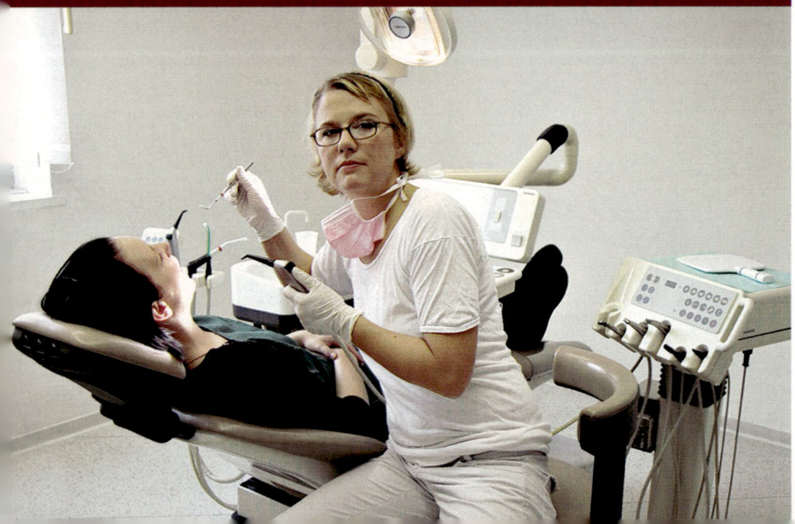

geraten und nicht immer verwirklicht habe: „Arbeiten Sie nur mit Leuten zusammen, die Sie gern haben. Tun Sie alles, um möglichst freudvoll zu arbeiten! Da Sie ein überaus hoch entwickeltes Autonomiestreben haben, mögen Sie es nicht, wenn jemand in Ihre Arbeit hineinredet."

ANDERE TESTS und Interviews bescheinigen mir erfreulicherweise auch eine Reihe von Stärken, vor allem im Bereich der sozialen Intelligenz. Intuition und Sensitivität („Sie sind auch schwierigsten Gesprächssituationen gewachsen!") seien bei mir derart stark ausgeprägt, dass ich weit mehr Informationen als viele andere Menschen aufnähme, was mich aber, da ich ein wenig chaotisch bin, vor Sortierungsprobleme stellt. Frau Krelhaus sagt: „Sie könnten lernen, sich besser zu organisieren. Vielleicht brauchen Sie mal eine andere Technik!"

Sie empfiehlt mir Pinnwandpapier, vielfarbige Moderationskarten und Sprühkleber für lösbare Verbindungen, mit dem ich auch große Zettel an die Wand heften kann. Und sagt: „Wenn Sie bei Ihrer Arbeit an einer Stelle hängen bleiben, ist es sinnvoll, eine Frage zu stellen, mit dem Auftrag ans Gehirn, eine Lösung zu entwickeln." Man könne dies schriftlich tun und die Frage an einen zentralen Platz in der Wohnung hängen, oder auch nur im Geist und das Thema dann ruhen lassen, bis die Antwort auf einmal wie von selbst komme.

Darüber hinaus empfiehlt Frau Krelhaus mir, in meinem unsteten Leben „Inseln der Stabilität" anzulegen, also zum Beispiel alles, was man zu festen Zeiten erledigen kann, auch zu festen Zeiten zu erledigen. Und am besten schon abends vor dem Schlafengehen das Programm für den nächsten Tag festzulegen: „Wie mit einer Einkaufsliste, damit kauft man einfach effizienter ein." Zudem sollte ich einen Wochenplan aufstellen, der auch meine Freizeit regelt und das Zerfließen der Tage verhindert. Rituale, Routinen, Struktur.

„WIE KÖNNTE IHRE ZUKUNFT AUSSEHEN?" Es ist so weit, jetzt steht die Frage im Raum. Die Wahrheit ist: Ich möchte weder Bäcker werden noch Bankangestellter oder Softwarespezialist. Zum Gastronomen eigne ich mich mangels Talent ebenso wenig wie zum Börsenmakler.

Eigentlich möchte ich nur schreiben. Weiter nichts. Vielleicht in einem erweiterten Spektrum. Gelöst vom Zwang des Faktischen, dem ich im Journalismus verpflichtet bin. Vielleicht einen Roman.

Frau Krelhaus sagt: „Ich empfehle Ihnen, eine Vision zu entwickeln." Klingt gut, denke ich mir, aber was genau ist eine Vision? Hatte nicht einst Helmut Schmidt gewarnt: „Wer Visionen hat, sollte zum Arzt gehen?"

„Nein", korrigiert Frau Krelhaus: „Eine Vision ist ein positives Bild einer möglichen Zukunft." Anders als eine Utopie sei sie realisierbar und in einem tieferen Sinne beflügelnd. „Wenn Sie auf dem Weg Ihrer Vision etwas tun, steht Ihnen Energie ohne Ende zur Verfügung!"

Sie fordert mich nun auf, mich an meine Ideen zu erinnern, die ich als Jugendlicher vom Leben hatte, und zu überprüfen, was davon mich heute noch interessiert. Zu überlegen, wen ich kenne, der etwas tut, wofür ich ihn bewundere.

Zuerst denke ich an die ganz Großen: Johann Sebastian Bach ... Mahatma Ghandi ... John Updike ... Aber dann kommt mir „Glücksdoktor" Eckart von Hirschhausen in den Sinn, mit dem ich für ein Porträt ein paar Tage verbracht hatte. Ein medizinischer Kabarettist, dessen Mission es ist, dass es den Menschen besser geht. Der mit einem Humor ohne Schadenfreude auskommt und die Perspektive seiner Zuhörer auf subtile Art verändert.

Frau Krelhaus sagt, ich solle mich fragen, was die Dinge sind, die mich beflügeln oder belasten, und wie ich mir eine Gesellschaft in meinem Sinne vorstelle. Dabei müsse ich unterscheiden zwischen dem „Sollte-Selbst", den Ansprüchen von anderen, und eigenen Idealen. „Bei mir im Kopf ist viel Unsinn", sage ich. „Vielleicht braucht auch der Raum in ihrem Leben!", beruhigt mich Frau Krelhaus.

Ich erzähle ihr von meinen Schwierigkeiten, etwa einen Text zu beginnen. Sie fragt: „Warum fällt es schwer?" Wir kommen überein, dass es unter anderem ein überzogener Selbstanspruch ist, der mich zuweilen lähmt.

„Seit wir zukunftsbezogen reden, haben Sie ein Wort, das Sie am meisten verwenden. Haben Sie eine Idee welches?"

Nein, habe ich nicht.

„‚Aber'!", sagt sie, „das Wort heißt ‚aber'."

Doch jetzt gehe es ums freie Fließenlassen, die Gestaltung des Schönen ohne jedes Aber. „Gibt es Menschen, die Sie davon abbringen?"

„Im Wesentlichen ich selbst", antworte ich. Ich überlege meist lange, dann lähme ich den schon gefassten Gedanken mit Einwänden, die sich im Regelfall um zwei Sätze drehen: „Gibt es schon" und „Was, wenn es nicht gut oder erfolgreich ist?"

Als adäquates Mittel gegen das, was Frau Krelhaus als meine „mangelnde Handlungsorientierung" bezeichnet, nennt sie mir eine einfache Regel: „Erst denken und nicht handeln. Dann handeln und nicht denken!" Im Fall von Zweifeln: „Konzentrieren Sie sich auf die Realisierung der einmal gefällten Entscheidung." Natürlich sei eine Entscheidung immer auch eine Entscheidung gegen etwas. Doch in dieser Phase sei der Zweifel nicht produktiv, sondern nur noch Ergebnis-Verhinderer.

Grundsätzlich gebe es zwei Herangehensweisen für ein Buch, ein Bild, jegliches kreative Tun. Die einen konstruierten es im Vorfeld, die anderen vertrauten ihrem Impuls, der beim Machen entsteht. Mich rechnet sie eindeutig zur zweiten Kategorie.

Ob ein Thema für einen Roman also geeignet sei, lasse sich nicht intellektuell überprüfen, sondern am besten durch die Gefühle, die sich beim Nachdenken über das Thema einstellen. Würde ich ein Unbehagen verspüren, etwa den Charakter der Hauptfigur betreffend, müsse gefeilt werden – so lange, bis ein gutes Gefühl eintritt.

ICH SOLL MICH ENTSPANNEN, die Augen schließen und mir vorstellen, in welcher Stimmung ich wäre, wenn ich mich bereits mitten in der Arbeit zu diesem Roman befände. An welchen Zeitpunkt ich dabei denke? Welche Jahreszeit gerade ist? Was ich empfinde, wenn ich damit fertig bin?

Als Lisa Krelhaus ein zufriedenes Lächeln in meinem Gesicht entdeckt, sagt sie: „Jetzt sehen Sie so aus, als hätten Sie es schon verwirklicht! Ja, dafür lohnt es sich doch! Wann legen Sie los?" „Im Frühsommer", sage ich mit großer Bestimmtheit. Und habe das Gefühl, einen Schatz entdeckt zu haben. Ich muss ihn jetzt nur noch heben. □

Der Berliner Autor **Andreas Wenderoth,** 43, hat sich im Bochumer Profiling-Center zwei Tage lang von Institutsleiterin **Lisa Krelhaus,** 54, coachen lassen. Seinen Beruf wird er nicht aufgeben, kennt nun aber seine Stärken und Schwächen besser als zuvor.

DIE MACHT DER HORMONE

VON CHRISTINA SCHNEIDER

Sie entscheiden mit über Stimmungen, die Stabilität einer Partnerschaft, den beruflichen Erfolg und selbst über das Wohlbefinden in der zweiten Lebenshälfte: Chemische Botenstoffe lenken den Menschen durchs Leben

Geistes- und Naturwissenschaftler streiten oft darüber, was für die Formung der Persönlichkeit entscheidend sei: die Gene, die Umwelt oder beide zusammen. Nur selten wird dabei über eine ganz andere Macht geredet: die Hormone – jene biochemischen Botenstoffe, die Informationen zwischen Organen und Geweben übertragen.

Dabei gibt es kaum eine Situation im Leben, in der diese körpereigenen Substanzen nicht im Hintergrund agieren. Sie wirken auf den Körper, indem sie etwa Wachstum, Fruchtbarkeit oder Hunger steuern; sie beeinflussen aber auch das Denken, das Handeln und selbst Gefühle wie Angst, Wut oder Liebe.

„Ich bin davon überzeugt, dass Hormone Schlüssel sind für das Verständnis unseres Verhaltens und unserer Persönlichkeit", sagt der Ulmer Endokrinologe Martin Wabitsch. Das individuell so unterschiedliche Hormonprofil präge sogar den Charakter.

Rund 150 der machtvollen Botenstoffe sind Wissenschaftlern bislang bekannt, aber vermutlich gibt es noch weit mehr. Alle Hormone arbeiten nach einem ähnlichen Prinzip: Sie docken an speziell auf sie zugeschnittene Rezeptoren einer Zelle an, um ihre Botschaft ins Innere zu übermitteln, wo dann eine körperliche Reaktion ausgelöst wird, wie etwa ein Hungergefühl.

Erzeugt werden Hormone in den endokrinen Drüsen, als Transportweg nutzen die meisten die Blutbahnen. Die Bauchspeicheldrüse schüttet beispielsweise das den Blutzuckerspiegel regulierende Insulin aus, Eierstöcke und Hoden die weiblichen und männlichen Geschlechtshormone, die Nebenniere unter anderem das Stresshormon Adrenalin.

Manche Hormone können Verhalten und Emotionen direkt beeinflussen. So wirkt das Geschlechtshormon Progesteron wie ein Beruhigungsmittel, Serotonin hebt die Stimmung, Cortisol wird in Stresssituationen ausgeschüttet.

Allerdings agieren die Substanzen nicht autonom – die Funktion der endokrinen Drüsen wird beeinflusst von der Wirkungsweise der Gene; so ist es etwa vererbt, ob ein Mann einen eher hohen oder niedrigen Testosteronspiegel hat. Auch der jeweilige Lebensstil beeinflusst die Hormone: Ernährung, Sport, Stress, positive und negative Emotionen – all das wirkt zurück auf den Hormonhaushalt. Übergewicht etwa erhöht den Östrogenspiegel.

Eine Gabe von Oxytocin brachte Paare dazu, sich besser zuzuhören

Häufig kommt es zu komplexen Interaktionen von Genen, Umwelteinflüssen und Hormonen. In den Wechseljahren etwa nimmt bei manchen Frauen die Konzentration von Cortisol derart zu, dass sie dem Hormonspiegel depressiver Menschen entspricht. Doch längst nicht alle Frauen in der Menopause werden schwermütig. „Es müssen verschiedene Umstände zusammenkommen", erklärt Isabella Heuser, Direktorin der Klinik für Psychiatrie an der Berliner Charité, die über Hormone im Alter forscht. „Manche Frauen sind genetisch zu einer Depression veranlagt, die vorher nicht zum Tragen kam, aber nun durch die Hormone ausgelöst wird. Oder äußere Einflüsse begünstigen eine Niedergeschlagenheit, wenn etwa die Kinder aus dem Haus sind oder die Frau von ihrem Mann verlassen wird."

Zu einem regelrechten Aufruhr der Gefühle führt meist der erste große hormonelle Umschwung im Leben: die Pubertät. Was genau den Hypothalamus, einen Bereich des Zwischenhirns, dazu veranlasst, etwa vom achten Lebensjahr an bei Jungen und Mädchen verstärkt die Produktion von Sexualhormonen anzuregen, wissen Forscher bislang nicht genau; möglicherweise wird das Startsignal ausgelöst, sobald ein bestimmter Anteil an Körperfett erreicht ist.

Mädchen leiden dann unter Stimmungsschwankungen, verursacht vor allem durch das Geschlechtshormon Östradiol. Bei Jungen kommt es zur verstärkten Testosteronausschüttung, was sie häufig aggressiv und draufgängerisch macht.

Geschlechtshormone sind es auch, die sowohl die Attraktivität eines Menschen als auch dessen Partnerwahl beeinflussen – etwa indem Östradiol bei Frauen und Testosteron bei Männern zur Ausprägung sekundärer Geschlechtsmerkmale beitragen.

Auch bei der Wahl des Partners spielen Hormone mit: Sie beeinflussen zunächst die sexuelle Anziehungskraft – und fördern später die Bindungsfähigkeit

Hormone entscheiden auch mit über den Erfolg einer Beziehung. Gut erforscht ist das Oxytocin. Besonders stark wird es bei Frauen ausgeschüttet, die ihr Kind stillen; durch das Hormon verstärkt sich die Bindung. Auch für eine Partnerschaft spielt der Oxytocinspiegel eine Rolle, wie Wissenschaftler der Universität Zürich kürzlich nachweisen konnten: Sie ließen Frauen und Männer über ein konfliktträchtiges Thema streiten und verabreichten der Hälfte der Paare Oxytocin, der anderen ein Placebo. Ergebnis: Jene, die Hormone erhielten, hörten sich aufmerksamer zu, bestätigten sich häufiger gegenseitig, lachten sogar mehr.

Auch gutes oder schlechtes Abschneiden im Schulunterricht kann zumindest teilweise mit dem Hormonhaushalt zusammenhängen. So wirkt sich etwa eine hohe Zahl an Östrogenrezeptoren im Gehirn bei Jungen wie Mädchen positiv auf Gedächtnisleistung und Lernfähigkeit aus. Und gibt die Schilddrüse zu wenig Hormone vom Typ T3 und T4 ab, die unter anderem den Energieumsatz des Körpers regulieren, sinkt auch die Konzentrationsfähigkeit. „Eltern wundern sich über plötzlich schlechte Schulnoten der Kinder, gehen mit ihnen zum Arzt und bekommen dann die Diagnose Unterfunktion der Schilddrüse", sagt der Endokrinologe Martin Wabitsch. Medikamentös lasse sich der Hormonspiegel wieder richtig einstellen.

Die individuelle Testosteronmenge kann sogar über Erfolg oder Misserfolg im Berufsleben entscheiden. Forscher der Universität Cambridge haben diesen Effekt bei Aktienhändlern in London registriert. Je mehr Testosteron die morgens im Blut hatten, desto höher war ihr Umsatz. Der Erfolg wiederum ließ den Testosteronspiegel weiter ansteigen, wodurch sich – so die Annahme der Forscher – der positive Effekt durch ein zu riskantes Verhalten umkehren könnte.

Im Alter sinkt beim Menschen die Testosteron-Ausschüttung. Der Körper des Mannes gewöhnt sich allmählich daran, und es kommt zu keinen deutlich spürbaren Beschwerden. Mit den Jahren schwinden mit dem Testosteron allerdings Muskelkraft und Knochenmasse, und die Libido nimmt ab.

Die „Wechseljahre des Mannes" seien jedoch ein Mythos, sagt die Hormonforscherin Isabella Heuser – ebenso wie die „Andropause", die vor allem von der Anti-Aging-Medizin als Gegenstück zur weiblichen Menopause propagiert wird.

Während sich die Testosteronproduktion bei Männern ganz allmählich verringert, geht bei Frauen die Ausschüttung des weiblichen Geschlechtshormons Östrogen deutlich rascher zurück – und die Menopause setzt ein. Die meisten Frauen leiden dann unter Hitzewallungen, Reizbarkeit, Appetitmangel oder Schlaflosigkeit.

Mit einer Hormonkur künstlich in das natürliche Geschehen einzugreifen, sollte jedoch gut überlegt sein – denn das Risiko für Herzgefäßerkrankungen und Brustkrebs nimmt dadurch zu. □

Marie-Luise Seidel und **Bernd Oestreich** sind zwei der Hauptpersonen des längsten deutschen Filmprojekts. Über 47 Jahre hat der Regisseur Winfried Junge das Schicksal einer Schulklasse aus einem ostdeutschen Städtchen an der Oder verfolgt. Die Chronik zeigt, wie sich, fast unberührt von den weltpolitischen Umwälzungen, die schon früh angelegten Persönlichkeitsmerkmale der Jungen und Mädchen herausbildeten

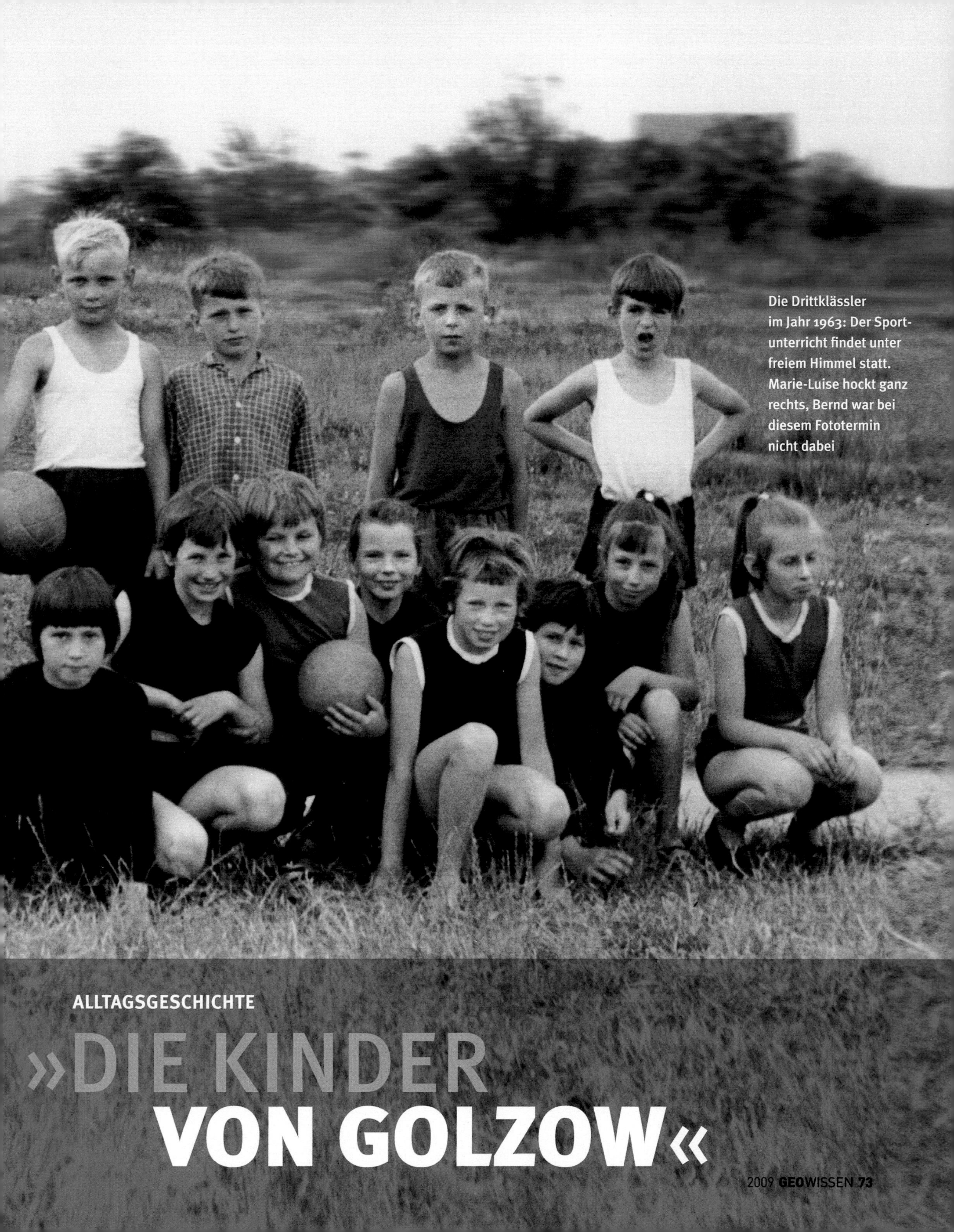

Die Drittklässler im Jahr 1963: Der Sportunterricht findet unter freiem Himmel statt. Marie-Luise hockt ganz rechts, Bernd war bei diesem Fototermin nicht dabei

ALLTAGSGESCHICHTE

»DIE KINDER VON GOLZOW«

1961
Marie-Luise wird eingeschult – mit Blumenstrauß und »Zuckertüte«. Die älteste Tochter eines Melkerehepaares hat noch fünf Geschwister

1966
Das Mädchen ist zunächst zurückhaltend, entwickelt sich aber zu einer aufgeweckten, guten Schülerin

VON NORBERT NEUMANN (TEXT)

Weltfriedenstag 1961. In Golzow, einem kleinen Dorf im Oderbruch, nur sieben Kilometer von der polnischen „Friedensgrenze" entfernt, sind die Kinder sehr aufgeregt. Im Hof der neuen Schule steht der „Zuckertüten-Baum" für sie bereit. Die Eltern sind zur Einschulungsfeier gekommen. Bald sitzen die Kinder in der Schulbank und lernen am Beispiel einer umgedrehten Zuckertüte das große A.

So zeigt es ein Dokumentarfilm der DDR. Mit solchen Bildern beginnt die Chronik, die einmal als „Golzow-Saga" in die Filmgeschichte eingehen wird.

Wenige Tage zuvor ist in Berlin die Mauer errichtet worden. Sowjetische Panzer sind an der Sektorengrenze aufgefahren, Volkspolizisten haben die Maschinenpistole im Anschlag. Die Situation ist gespannt.

Doch im Oderbruch sehen wir glückliche Kinder. Sehen einen träge dahinfließenden Fluss, sehen Weizen- und Gemüsefelder und offene Kindergesichter: Jürgen mit den abstehenden Ohren zum Beispiel (der die Wende nicht verkraften wird); oder die hilfsbereite Gudrun (deren Weltbild in den Wendejahren zusammenstürzt); und Bernd und Marie-Luise (die Glück und ausreichend Kraftreserven haben).

Viele, die in den 1950er Jahren geboren sind – gleichgültig ob in Ost- oder Westdeutschland –, können sich in diesen Filmbildern wiedererkennen. So war ihre Kindheit: unbeschwert und schwarz-weiß; Eiszapfen abschießen und Küken streicheln, raufen und mit „Arschbomben" ins Wasser klatschen.

Was also ist dieser Film? Kitsch? Propaganda? Oder die Wahrheit über eine Generation?

I. Wie es zur Golzow-Chronik kam

Die Idee, den Lebensweg einer Schulklasse über Jahrzehnte zu dokumentieren, stammt von Karl Gass. Der überzeugte Kommunist hat die DEFA, die Filmgesellschaft der DDR, mit aufgebaut – und will nun zeigen, wie eine vom Krieg unbelastete Generation im Geiste des Friedens und des Sozialismus heranwächst. Die Kamera soll die Kinder begleiten, „bis deren Kinder wieder in die Schule kommen".

1961
Der erste Schultag auch für Bernd. Erst kurz zuvor ist er mit seinen Eltern nach Golzow gezogen. Die Mutter übernimmt die Dorfapotheke, der Vater den Feldbau in der LPG

1969
Der 14-Jährige ist ein aufmerksamer und sehr disziplinierter Schüler

1971 Marie-Luise in der Chemie-Prüfung zum Abschluss der 10. Klasse. **1975**, im Alter von 20 Jahren, ist sie endgültig zum Jungenschwarm geworden

Die Auswahl für den Laborversuch überlässt Gass nicht dem Zufall: keine Großstadt, kein Aufbauzentrum wie Eisenhüttenstadt, sondern ein Dorf „in der verlassensten Gegend, die sich finden lässt". Aber es soll von Berlin aus schnell erreichbar sein, fleißige Einwohner haben, über einen gewissen Lebensstandard verfügen und nur wenige soziale Unterschiede aufweisen. Die Schule soll neu sein, das Lehrpersonal jung, und der Unterricht muss im Erdgeschoss stattfinden, weil der Regisseur von draußen durchs Fenster in die Klasse filmen will.

So entscheidet sich die DEFA für das Dörfchen Golzow, in dem erst wenige Monate zuvor eine neue polytechnische Oberschule mit Aula, Lehrsälen und Turnhalle eröffnet worden ist.

Gass schickt seinen fähigsten Regieassistenten in die Provinz, den 26-jährigen Winfried Junge. Dessen Vater ist 1945 gefallen – wahrscheinlich an der Oder. Vielleicht ist es kein Zufall, dass dieser Auftrag ihn ein Leben lang festhalten wird. Am Anfang der Chronik steht jedenfalls der Fluss: die Oder als Motiv der verstreichenden Zeit.

Die Hauptrolle in der Chronik von Golzow spielt die verstreichende Zeit – sie führt die Regie und schreibt das Drehbuch

47 Jahre lang wird Junge das Leben der Kinder von Golzow verfolgen. Wird mit seiner Frau Barbara aus 70 Kilometern Filmmaterial eine fast 43 Stunden lange „Alltagsgeschichte der Deutschen" im Osten destillieren. 18 Porträts werden entstehen, von Jürgen und Jochen, Elke und Gudrun, Brigitte und Willy, Bernd und Marie-Luise.

Doch die Hauptrolle spielt die verstreichende Zeit. Sie führt Regie und schreibt das Drehbuch. Dass die Chronik am 1. September beginnt, ist ein Muss. Der Weltfriedenstag soll an die Toten des Zweiten Weltkriegs erinnern. Ohne dieses Motiv wäre die Dokumentation nicht zu verstehen.

Hier, auf den Äckern und Hügeln rund um Golzow, fand im April 1945 die blutigste Schlacht auf deutschem Boden statt. In das fast völlig zerstörte Dorf drängten Flüchtlinge und hungerten. Die Frühjahrsernte war zerstört, Typhus breitete sich aus, den ersten Winter überlebte kein einziges Kleinkind.

Und dann brachen auch noch die Oder-Dämme. Im März 1947 lief das

1969 Bernd will Berufssoldat werden und inspiziert eine MiG 15. Aber auch das andere Geschlecht weckt beim Klassenfest sein Interesse

1975
Marie-Luise ist mit dem Musikstudenten Georg liiert. Doch die Mutter redet ihr den in Berlin lebenden Freund aus

1978
Hanns-Steffen Seidel, Hauptmann und Pilot, wird ihr neuer Freund. Die Eltern sind zufrieden

Oderbruch voll wie eine Badewanne und setzte Golzow sechs Wochen lang unter Wasser.

Aber die Menschen arbeiten sich Stück für Stück aus der Not heraus. Sechs Bauern gründen eine Landwirtschaftliche Produktionsgenossenschaft (LPG), die zur Keimzelle des Aufschwungs wird. Golzow liegt jedes Jahr über Plan. Der Erfolg erfüllt die meisten Einwohner mit Stolz, und das engmaschige soziale Netz begreift niemand als Einengung.

Die Eltern der „Kinder von Golzow" haben ihr Versprechen gehalten: Ihren Kindern geht es nun besser. Das wichtigste Vermächtnis der Kriegsgeneration an die Nachgeborenen ist das Bedürfnis nach Sicherheit. Während die Menschen im Westen über die Einmauerung der DDR und das „Volksgefängnis" lästern, empfindet man in Golzow Geborgenheit.

II. Die Ulbricht-Zeit

Die ersten Filme der Chronik sind poetische Reportagen – fast ohne volkspädagogische Kommentierung: die zugefrorene Oder, Krähenschwärme über weißer Landschaft, Schneeballschlachten. Bernd stapft mit seinem Vater nach Hause, Marie-Luise folgt ihrem Vater zur Kirche. Die Kinder sind immer in Rufnähe der Eltern.

Das Gebrauchtwerden spüren die Menschen vom ersten Tag an. Die Kehrseite sind Aufsicht und Gängelung

Mit fünf Geschwistern wächst Marie-Luise in zwei kleinen Räumen auf. Wo die Mutter die jüngere Schwester frisiert, während die Kleinste auf dem Topf sitzt und Marie-Luise Klavier übt. „Es war eine schöne Zeit", erinnert sie sich heute, „ein kurzer Schulweg, gemeinsames Mittagessen mit der Familie, viel Auslauf im Freien."

Den Kindern wird ständig erklärt, wie wichtig Lernen ist. Nur mit Wissen kann sich der Sozialismus in der an Bodenschätzen armen DDR entfalten. Die Jungen und Mädchen spiegeln mit ihrer Neugier die optimistischen Zukunftspläne der jungen SED: Chemie, Elektronik, Raumfahrt. Was der Mensch alles kann, zählt der elfjährige Winfried mit leuchtenden Augen im Unterricht auf: mit dem Feuer arbeiten und schweißen, fliegen und tauchen, tief in der Erde nach Rohstoffen graben, Hochhäuser

1978
Bernd Oestreich will doch lieber »unter Arbeiter kommen« und macht eine Lehre im Petrolchemischen Kombinat Schwedt. Er und seine Kollegin Petra werden ein Paar

1978
Noch lebt Bernd in einem Wohnheim. Doch bald heiraten die beiden – und haben so die Chance auf eine eigene Wohnung

1978
Die standesamtliche Trauung. Nach dem Festessen im Kulturhaus schreitet das Brautpaar durchs Dorf

1980
Umzug nach Königs Wusterhausen bei Berlin. Dort kommt Tochter Marja zur Welt

und Raketen bauen, sich über Tausend Kilometer hinweg unterhalten.

Die hehren Ziele des Aufbruchs finden sich auch in der glockenhellen Stimme Bernds, der im Musikunterricht die von Brecht und Eisler – als Alternative zum Deutschlandlied – geschriebene Kinderhymne singt: „Und nicht über und nicht unter/Andern Völkern wolln wir sein/Von der See bis zu den Alpen/von der Oder bis zum Rhein."

Bernd ist schon damals ein ruhiger Typ, der sich „als Außenseiter" fühlt. Seine Eltern sind erst 1960 nach Golzow gezogen, weil die Partei tüchtige Leute für die Provinz suchte. Der Junge geht schon in der 1. Klasse oft mit der Angelrute an die Oder. Und wenn seine Mutter wissen will, mit wem er da angele und was er Neues erfahren habe, muss er passen. „Ich war angeln", sagt er, „ich hab mich nicht unterhalten."

Er wird anders erzogen als die übrigen Kinder im Dorf. Die Eltern nehmen ihn mit in die Berliner Staatsoper, daheim wird klassische Musik gehört, und im Unterschied zu den meisten Familien haben die Oestreichs Bücherregale im Haus. Bernd liest viel, vor allem die Jugendklassiker: Jack London, James Fenimore Cooper, Mark Twain.

Als die Kinder von Golzow 14 sind, zeigt die Saga andere Bilder: Beatmusik, lange Haare, Miniröcke, Pubertät. 1969 herrscht Aufruhr im Westen, im Osten wird biedere Jugendweihe gefeiert. Im Westen rufen sie: Geht doch nach drüben! Im Osten werden alle in der Produktion gebraucht. Ulbrichts Modernisierungskurs verlangt nach gut ausgebildeten Experten in den „Fortschrittsindustrien": dem Petrolchemischen Kombinat in Schwedt, dem Mikroelektronik-Werk in Erfurt. Viele Betriebe werben um die Gunst der Schulabgänger. Dieses Gebrauchtund Ernstgenommenwerden spüren die Menschen vom ersten Tag an. Die Kehrseite sind Aufsicht und Gängelung.

III. Die Honecker-Zeit

Im Leben der 20-Jährigen ist enorm viel los. In der DDR wird schnell geheiratet. Die jungen Menschen sollen in die Produktion und ein geregeltes Familienleben führen. Sie brauchen Wohnungen, Möbel, Autos und Kleidung. Der Zusammenhalt in Armut wird abgelöst von individuellem Wohlstand.

Marie-Luise, der Schwarm vieler Jungen, empfindet das frühe Heiraten

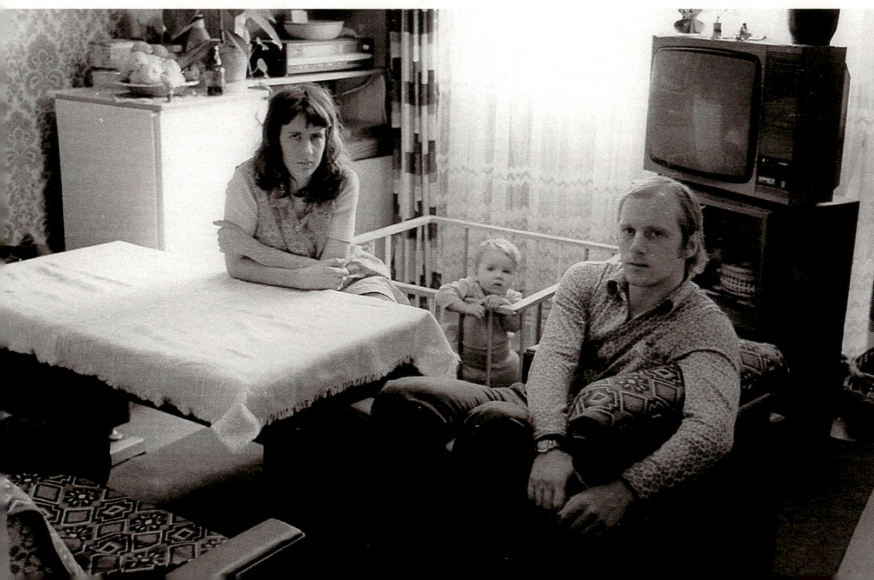

1980
Anfangs müssen sich die Oestreichs mit zwei weiteren Familien eine Vierraumwohnung teilen. Daran ändert auch die Geburt von Tochter Dana nichts

1981
Bei den Chemischen Aufklärern in Eggersdorf bei Strausberg dient Bernd als Reservist

1983
Im Thüringerwald machen die Seidels Urlaub in einem Erholungsheim der Nationalen Volksarmee

1983
Marie-Luise ist mit dem zweiten Kind schwanger. An der Wand ein Plakat für »Anmut sparet nicht noch Mühe«, einen Film aus der Golzow-Chronik

als „Krankheit“. Sie will nicht „mit 20 schon am Ende sein“. Ihr Vater, ein politischer Querkopf, hat sich nie irgendwo einordnen lassen. Hat seinen Bauernhof nur widerwillig mit der Melkerstelle in der LPG vertauscht.

Im Dorf gilt er als Außenseiter, liest die Bergpredigt und die „Blechtrommel“, fordert von Marie-Luise, falsche Geschichtsdarstellungen im Unterricht offen als Lügen zu bezeichnen, etwa die schönfärberische Beschreibung der Verstaatlichung der Landwirtschaft.

Auf die Interviews mit dem Filmemacher Junge bereitet er sich schriftlich vor. Doch das meiste, was er sagt, darf nicht verwendet werden.

Winfried Junge mag eine gewisse Seelenverwandtschaft spüren mit der hübschen Marie-Luise. So wie sie hat er sich die DDR immer gewünscht: neugierig, eigensinnig und optimistisch. 1975 dreht er über Marie-Luise sein erstes Einzelporträt unter dem Titel „Ich sprach mit einem Mädchen“.

Können die jungen Erwachsenen ihre Lebensträume verwirklichen – oder tun sie das, was man ihnen aufträgt?

Sie ist vorlaut, will etwas erleben, sich ausprobieren. Sie möchte Krankenschwester oder Stewardess werden und in der Welt herumkommen. Aber die Mutter bremst sie, redet ihr den Freund Georg aus, einen Musikstudenten, und so geht Marie-Luise schließlich in den ungeliebten Beruf, wird Chemielaborantin in einem Halbleiterwerk und heiratet mit 24 Hanns-Steffen, einen gut aussehenden, vernünftigen und verschwiegenen Offizier der Nationalen Volksarmee, mit dem sie bis heute in glücklicher Ehe lebt.

Auch bei Bernd ist der Einfluss der Mutter ausschlaggebend. Er soll Abitur machen, wäre im Herzen aber lieber Förster geworden. Die Mutter hält seinen Wunschberuf für perspektivlos. Das neue Erdölverarbeitungswerk in Schwedt biete dagegen alle Aufstiegschancen. Und so macht Bernd, was ihm die Mutter „eingebrockt“ hat –

1982
Bernd besucht seine Mutter in der Apotheke in Golzow. Dort hat er einst das Interesse für die Chemie entdeckt

1984
Die Familie hat noch einmal Zuwachs bekommen: Tochter Susanne. Die Oestreichs leben nun endlich in einer eigenen Wohnung, auf knapp 60 Quadratmetern

1988
Mit ihren Kindern Marja, 8, und Katja, 5, besucht Marie-Luise Seidel die Außenstelle der DEFA-Filmproduktion in Berlin

1989
Die Familie wohnt im Berliner Bezirk Treptow-Köpenick. Katja will noch von der Schule erzählen, aber die Mädchen müssen früh ins Bett

und wofür er ihr bis heute dankbar ist: Er geht nach Schwedt, in die jüngste und modernste Stadt der DDR, macht seinen Meister und wird Schichtleiter der Abwasseraufbereitung. Mit 25 heiratet er seine Arbeitskollegin Petra.

Die Kinder von Golzow sind jetzt vielfach selber Eltern und verstreut in der ganzen Republik. Mit 25 haben sie den Gipfelpunkt ihrer Entwicklung schon erreicht: jene Scheidelinie, an der sich zeigt, ob sie ihre Jugendträume verwirklichen können oder ob sie – wie die meisten – das tun, was man ihnen aufträgt. Keiner von ihnen, verkündet der Film stolz, „ist arbeitslos, obdachlos, hoffnungslos".

Das Leben ist ein langer, ruhiger Fluss.

Es ist das Unspektakuläre, ja das Träge, das viele Zuschauer süchtig macht nach dieser Chronik.

In den 1980er Jahren wird es schwieriger, die Kinder von Golzow zum Mitmachen zu bewegen. Sie vergessen, dem Regisseur wichtige Ereignisse mitzuteilen, oder verschlampen Drehtermine.

Und es wird immer anstrengender, die Angehörigen für eine Chronik zu begeistern, in die sie durch Heirat oder Abstammung zwangsverschleppt wurden.

Hanns-Steffen zum Beispiel, Marie-Luises Ehemann, ist bei Dreharbeiten auffallend wortkarg. Als Offizier der Nationalen Volksarmee gehört er zur Regierungsstaffel „Arthur Pieck", die Erich Honecker und andere SED-Größen ins Ausland fliegt. Zwar arbeitet er nur als Navigator, aber das reicht für viel Wichtigtuerei um den „Genossen Geheimnisträger". Filmaufnahmen, die seinen Arbeitsplatz zeigen sollen, werden von der NVA gefälscht, und die Stasi setzt alles daran, den engen Kontakt des Genossen zu seinem renitenten Schwiegervater zu unterbinden. Da Hanns-Steffen eine Versetzung droht, lässt er sich lieber aus dem Drehbuch „herausschreiben".

IV. Die Wende-Krise

In Schwedt beginnt der Niedergang der DDR. Dort kommt das billige Rohöl aus Sibirien an und wird zu Chemieprodukten verarbeitet, die der DDR die dringend benötigten Devisen verschaffen. Doch als Breschnews Nachfolger den Ölpreis für die Bruderstaaten drastisch erhöhen und gleichzeitig der Preis auf dem Weltmarkt fällt, kann die DDR ihre Chemieprodukte im Westen nicht mehr absetzen. Schwedt fällt als Devisenbringer aus.

Die Mauer bekommt allmählich Risse. Und niemand in der Staatsfüh-

1990
Der erste Familienausflug in den Westen führt nach Berlin. Die Oestreichs machen eine Schiffsfahrt durch das Stadtzentrum und sehen sich das Reichstagsgelände an

1991 Mit dem gerade erworbenen Auto geht es in die Alpen: zum Urlaub nach Österreich

1991
Marie-Luises alter Arbeitsplatz als Chemielaborantin beim ehemaligen Minsterium des Inneren wird abgewickelt. Sie muss sich umschulen lassen

1991
Die Familie genießt neue Freiheiten: einen Sommerurlaub in Dänemark

rung weiß, wie es weitergehen soll. Am besten, man zieht den Kopf ein und konzentriert sich auf Privates. Die Kinder von Golzow sind keine Rebellen.

Die Oestreichs kaufen ein Grundstück. Bernd baut eine Finnhütte fürs Wochenende, ein Nur-Dach-Haus, doch das Holz kann er kaum auftreiben. Es mangelt wieder an allem. Der Ofen auf dem Gelände der Raffinerie, der den Klärschlamm unzureichend verbrennt, ist zwar durch einen modernen ersetzt worden, aber die neue Technik funktioniert so schlecht, dass der alte Ofen weiterarbeiten muss. Auch die Innenstädte verfallen, Plattenbauten bleiben unfertig in der Landschaft stehen, Industrieanlagen verrotten.

Als die DDR schließlich zusammenfällt, zögern die Golzower. Sie warten ab und sehen zu, wie der Westen ihr Land übernimmt. In Königs Wusterhausen, wo Marie-Luise seit 1985 im Militärtechnischen Institut der NVA Abwehrmaßnahmen gegen Senfgasangriffe erforscht, zieht das Bundesamt für Materialprüfung ein. In Schwedt übernehmen Ölkonzerne das Petrolchemische Kombinat. Von 8000 Arbeitern können kaum 2000 bleiben. Die Stadt verliert ein Drittel ihrer Einwohner. Auch die LPG in Golzow wird privatisiert und muss unter dem Druck der EU erstmals Flächen stilllegen.

Auf den Mauerfall reagieren viele Golzower mit Depressionen – sie fühlen sich verstoßen

Was der Westen aus Erfahrung kennt, ist im Osten ein Entwertungsprozess, der viele traumatisiert: nicht mehr gebraucht zu werden. Die Kinder von Golzow fühlen sich verstoßen.

Viele reagieren darauf mit Depressionen, Scheidung, Herzinfarkten und Krebs. Manche tauchen ganz ab. Zwischen 1992 und 1994 geraten fast alle Golzower in eine tiefe Krise.

Jürgen scheitert mit seiner mühsam aufgebauten Tomaten- und Gurkenplantage an westlichen Handelskonzernen. Sie bieten ihm zu wenig für seine Ware, liefern lieber holländische „Wassertomaten" ins Oderbruch. Die Wut, die Jürgen in diesen Jahren in sich hineinfrisst – hineintrinkt –, macht ihn krank. Er stirbt 2006, mit 52 Jahren, an Krebs. Gudrun, die in Weimar Staatswissenschaften studiert hatte und der eine DDR-Karriere prophezeit worden war, darf nach der

1992 Bernd bleibt auch nach der Wende Schichtleiter der neuen Petrolchemie und Kraftstoffe AG und verdient »deutlich mehr als früher«. Petra wird arbeitslos

1995
Die Seidels ziehen in ein Haus in die Nähe von Köln. Hanns-Steffen arbeitet bei der Flugbereitschaft der Bundeswehr, Marie-Luise als Zahnarzthelferin

2009
Marie-Luise Seidel ist 54 und sagt über ihren Wechsel in den Westen: »Einen Bruch gab es nicht«

Wende nicht mal Dorfbürgermeisterin sein. Auch ihr Vater, der die Golzower LPG 30 Jahre lang geleitet hat, wird abgelöst. Gudrun, sagen ihre Mitschüler, sei in ein tiefes Loch gefallen, sie verweigere jeden Kontakt.

Auch das Filmprojekt steckt fest. Der ständige Kampf mit den DDR-Bürokraten ist nun abgelöst vom zähen Kampf mit Rundfunkanstalten und Regierungsstellen um die Fortsetzung der Chronik. Die Bundeszentrale für politische Bildung verlangt Kürzungen, schnellere Schnitte – und vor allem: weniger DDR-elegische Kommentare.

V. Labilisierung, Stabilisierung

Winfried Junge reagiert, indem er nicht nur die eigene Irritation über die Wende, sondern auch die Ankunft der Golzower im Westen festhält. Zwischen 1994 und 2007 entstehen eine Dokumentation, acht Einzelporträts und ein alle Dimensionen sprengender Abschlussfilm von zehneinhalb Stunden. Danach ist Schluss. Unwiderruflich.

Auch Jochen, der Melker, bekräftigt das am Ende seines Zwei-Stunden-Porträts. Er habe keine Lust mehr, gefilmt zu werden. Irgendwann müsse mal Schluss sein. Und weil niemand die Kamera abschaltet, sagt es Jochen wieder und wieder, ungefähr ein Dutzend Mal. Solche Aussteiger bilden inzwischen die Mehrheit. Nur die Glücklichen gehen zu Klassentreffen.

Bernd und Marie-Luise schaffen die Wende fast ohne Komplikationen.

Einen Bruch, sagt Marie-Luise, gab es nicht. Jedenfalls keinen, der sie aus der Fassung gebracht hätte. „Meine Mutter wollte, dass wir gut durchs Leben kommen, dass es reibungslos verläuft." Diesen Auftrag hat Marie-Luise erfüllt.

Ihr Ehemann Hanns-Steffen lässt sich von der Bundeswehrführungsakademie in Hamburg „umschulen" und verteidigt nun Deutschland von der anderen Seite. Er habe, sagt seine Frau, den Übergang von der Nationalen Volksarmee zur Bundeswehr „gut weggesteckt".

Marie-Luise probiert es zunächst mit einem Visagistinnen-Kurs. Als sie erfährt, dass Zahnarzthelferinnen gesucht werden, bewirbt sie sich. Sie geht einfach hin. Eine Ausbildung kann sie nicht vorweisen. Röntgenschein? Hat sie nicht. „Kann man alles lernen", sagt

1992
Die Oestreichs vor ihrem Wochenendhaus. Die mit Hütten bebauten Grundstücke ziehen sich rings um die Plattenbauviertel in Schwedt

1995
Ein großer Fang an der Oder. Schon als Kind ist Bernd angeln gegangen und tut es bis heute – als Ausgleich zur Arbeit in der nicht immer sauberen Luft

2009
Bernd Oestreich ist 53 und plant, in neun Jahren in Ruhestand zu gehen

Regisseur Winfried Junge: 2009 im Berliner Synchronstudio und 1961 bei den ersten Dreharbeiten in Golzow (im Bild links)

sie. „Die Wessis reden immer von Flexibilität, aber die wirklich Flexiblen sind wir.“ Mit fast 40 fängt sie noch mal von vorn an. Im Film-Porträt von 1997 – „Da habt ihr mein Leben“ – wird ihr Trotz, es aus eigener Kraft und gegen alle Widrigkeiten zu schaffen, sehr deutlich.

54 ist Marie-Luise Seidel heute. Das Einfamilienhaus der Familie in Kriegsdorf bei Köln ist tipptopp gepflegt. Die Tochter Marja, 29, arbeitet als Maskenbildnerin an der Bonner Oper; Katja, 26, ist Stewardess. Beide sind „in festen Händen“. Marie-Luise Seidel betont das. „Taffe, geschmeidige Frauen“ seien ihre Töchter geworden, „Frauen, die sich nicht unterkriegen lassen. Und ich bin jetzt als Oma gefragt.“

Auf die Entwicklung der Familie Einfluss zu nehmen, darauf zu achten, wer mit wem Umgang pflegt – diese liebevolle Strategie der Einmischung in die inneren Angelegenheiten der Töchter hat sie aus DDR-Zeiten verinnerlicht. Und, mag sein, auch von ihrer Mutter. Im Westen, sagt sie, fehle das nachhaltige Interesse der Eltern oft.

In zwei Jahren wird Hanns-Steffen pensioniert. Vielleicht wagen die Seidels dann doch noch einen dritten Umzug, in die Berliner Gegend oder nach Chemnitz – denn die Rheinländer seien ihnen nicht offen genug, zu katholisch. „Es bleibt spannend“, sagt sie.

Besser kann man Glück mit Mitte 50 eigentlich nicht definieren. Marie-Luise hat in ihrer eigenen Familie frühzeitig geübt, wie man mit Brüchen umgeht. Sie hat den offenen Widerspruch zwischen ihrem regimekritischen Vater und ihrem regimetreuen Ehemann aufmerksam austariert und neutralisiert, sie hat gelernt, Interessengegensätze zu überbrücken. Ohne ihren widerborstigen Vater und die vermittelnde Mutter wäre sie nicht so gut vorbereitet gewesen auf den Umbruch von 1989.

Bernd Oestreichs Porträt dagegen, das letzte in der Golzow-Reihe, hätte auch heißen können: In der Ruhe liegt die Kraft. Als die Raffinerie in Schwedt 1991 modernisiert wird, hat er aufgrund seiner Stetigkeit und seiner Erfahrung genügend Sozialpunkte gesammelt, um übernommen zu werden. Während die meisten Kinder der Golzow-Chronik heute arbeitslos sind oder mit ABM-Maßnahmen und Kurzzeit-Jobs die Zeit bis zur Rente überbrücken, bleibt er von Turbulenzen verschont. Und hofft, 2017 mit 62 pensioniert zu werden. Dann wird er 40 Jahre Schichtarbeit geleistet haben.

Wie die Seidels haben die Oestreichs zwei Töchter. Gleicher Jahrgang, gleicher Abstand. Dana, 29, ist Polizistin und bringt nun Polizeianwärtern das

Die Filmrollen der »Kinder von Golzow« kommen ins Archiv

DAS LEBEN IST KEIN BILDUNGS-ROMAN

Persönlichkeitsentwicklung im Zeitraffer: Die Langzeitdokumentation »The Up Series« des Briten Michael Apted beschreibt – ähnlich der Golzow-Chronik – die Lebenswege von 14 Engländern

Alle sieben Jahre, lehren Anhänger des hinduistischen Tantrismus, tritt der Mensch in ein neues Lebens-„Chakra“ ein. Und der Anthroposoph Rudolf Steiner war davon überzeugt, dass uns mit sieben, 14 und 21 Jahren jeweils ein frischer feinstofflicher Leib zuwächst.

Auch „49 UP“, die siebte Folge einer britischen Langzeitdokumentation über die Lebensläufe von 14 Kindern, schreitet in Siebener-Rhythmen voran. Von deren siebtem Lebensjahr an hat Michael Apted, der als Regisseur später auch in Hollywood mit Filmen wie „Gorillas im Nebel“ erfolgreich war, seine Protagonisten begleitet. Alle sieben Jahre hat er sie besucht, interviewt und an den aktuellen Schauplätzen ihres Lebens gefilmt – doch Lebenswenden bekam er kaum vor die Kamera.

Nach mehr als vier Jahrzehnten zieht Apted ein fatalistisches Fazit: Das unentrinnbare Schicksal liegt in der menschlichen Seele. „Die Kernpersönlichkeit, die man beim Siebenjährigen sieht, verändert sich nicht sehr.“ Und dann weist Apted unter anderem auf das Schicksal des Internatsschülers Bruce hin, der mit sieben Jahren Missionar werden wollte, „um Leuten, die nicht zivilisiert sind“, wie er sagte, „beizubringen, mehr oder weniger gut zu sein“. Bruce studierte Mathematik in Oxford, wurde Lehrer für arme Kinder im Londoner East End und in Bangladesch. Bis zu seinem 40. Lebensjahr verzichtete er auf persönliches Glück – bis er schließlich heiratete und auf eine Schule für besser betuchte Kinder in Hertfordshire wechselte.

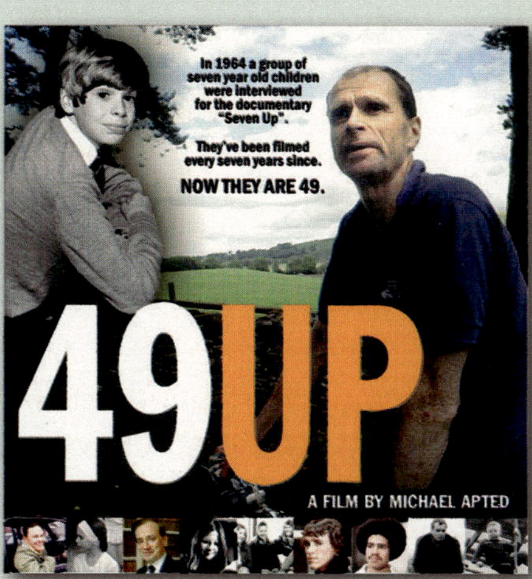

»49 UP« aus dem Jahr 2006 ist die jüngste Folge der Dokumentation (alle Folgen sind als DVD erhältlich unter www. firstrunfeatures.com)

Doch noch immer schlägt sein Herz für die Erniedrigten und Beleidigten: „Dieses Mitleid in dem sieben Jahre alten Gesicht", versichert Apted, „wird ihn nie verlassen. Das ist seine Essenz."

WENN ES EINE Essenz all der Fallstudien in Apteds Dokumentation gibt, dann ist es diese: Das Leben ist kein Bildungsroman. Die Selbstfindungs-Odysseen eines Wilhelm Meister oder Grünen Heinrich, wie sie die deutsche Literatur zelebrierte, erscheinen im britischen Alltag als überflüssiger Umweg. „Man wächst so langsam", sagt einmal John, der Rechtsanwalt, „dass man es niemals bemerkt."

Auch die geschichtliche Großwetterlage scheint die bodennahen Mikroklimata dieser Biografien kaum zu berühren. Nur an Haarschnitt, Kleidung und Wohnungseinrichtungen sind die Umwälzungen draußen zu ahnen: Die Politik in dem Film, sagt Michael Apted, sei das Leben seiner Protagonisten selbst.

Die Einschnitte, die der Film zeigt, sind alltäglich und meist familiärer Natur: Scheidungen und neue Heiraten, Kinder und Enkelkinder, der Tod der Eltern, der neue Job, das neue Haus im Grünen. Es gibt keine Scheidewege, keine Stürme, keine Sprünge in unbekannte Gewässer. Die Lebensströme scheinen sich eher in die Breite zu graben als in die Tiefe – es dehnt sich der Garten, das Haus, die Familie, der Bauchumfang. Und zugleich wächst die Weisheit, die Zufriedenheit, die auch Ergebung ins Schicksal ist.

Der einzige Ausreißer auf Apteds soziologischer Rennbahn bleibt Neil, das Lehrerkind aus Liverpool. Neil, der Hans im Glück mit dem frühen Welteroberer-Lächeln, der mit sieben Jahren ankündigt, Astronaut zu werden – und den Apted mit 21 als Gelegenheitsarbeiter auf Londoner Baustellen und mit 28 obdachlos wiederfindet. Mit 35 lebt Neil in einer Sozialwohnung auf den Shetland-Inseln. Mit 42 beschließt er, in die Lokalpolitik zu gehen: Heute ist er Bezirksrat für die Liberaldemokratische Partei und hat sich mit seinem Leben versöhnt – auch wenn er nach wie vor allein ist und von knapp 250 Pfund im Monat lebt.

Doch noch in den verschlissenen Zügen des einst engelhaften Gesichts entdeckt Apted das Versprechen der Kindheit: „Das Funkeln in Neils Auge, das für Jahrzehnte verschwunden war", so kommentiert er den jüngsten Auftritt seines Sorgenkinds, „kommt wieder zurück."

UND AUCH die ursprüngliche Annahme der Macher, dass die britische Klassengesellschaft nach wie vor die Lebensläufe kanalisiert, hat sich bestätigt: In „49 UP" werden die Kinder aus dem proletarischen Londoner East End Taxifahrer oder alleinerziehende Mütter – selbst wenn dabei ein Reihenhaus in Spanien herausspringt. Und die kleinen Snobs aus den Elite-Internaten sind auf den Elite-Universitäten ihrer Wahl gelandet und Elite-Juristen geworden – auch wenn sie nebenbei wohltätige Stiftungen für bulgarische Kinder betreiben.

„Was hältst du von reichen Leuten?", fragt der Interviewer einmal den siebenjährigen Simon, den Heimzögling, das einzige schwarze Kind in der Gruppe. „Nicht viel", antwortet das Kind. „Sie glauben, dass sie alles tun können, aber du nicht."

Diesem Glauben kann der Film nicht widersprechen. *Jörg-Uwe Albig*

Schießen bei. Susanne, 26, hat eine Ausbildung zur Notariats-Fachangestellten absolviert, arbeitet an einer Tankstelle und holt in Abendkursen das Abitur nach. Beide leben heute in Hamburg.

Da die Oestreichs wussten, dass ihre Kinder nicht in Schwedt bleiben würden, haben sie sich gegen den Bau eines Eigenheims entschieden, wohnen seit 27 Jahren in derselben Dreiraum-Wohnung in einem Plattenbau am Altstadtrand, für 400 Euro Miete.

Ihr Geld haben sie in Reisen gesteckt. „Ich hatte zwei Ziele", sagt Bernd, „ich wollte einmal im Leben einen Vulkan sehen – und außerdem Palmen." Das hat er erreicht. Dieses Jahr ist Thailand dran.

Aber ein eigenes Haus wäre schon schön gewesen, sagt er, „dem trauere ich noch ein bisschen nach". Bernd überlegt, bevor er handelt. Oder besser: bevor er nicht handelt.

Er wartet geduldig, welcher Fisch wohl vorbeischwimmen wird. Er sitzt am Fluss des Lebens und angelt.

VI. Epilog

In der Berliner Johannisthal Synchron GmbH sitzt Winfried Junge und sortiert die Überreste seines Projekts. In ein paar Monaten muss er die beiden Schneideräume besenrein hinterlassen. Die Filmrollen mit der blauen Klebebandmarkierung kommen ins Bundesarchiv, die mit der gelben ins Golzower Filmmuseum. In den hohen Regalen stehen die Blechdosen über sieben Etagen. Und wenn die tief stehende Sonne durchs Fenster scheint und das Metall in glänzendes Gelb verwandelt, wirkt das viele Blech wie ein riesiger Goldschatz. □

MEHR ZUM THEMA:

B. Junge/A. Junge: **Lebensläufe – Die Kinder von Golzow.** Schüren 2004, 328 Seiten

Die Kinder von Golzow, Box 1–3 (18 DVDs). Absolut Medien 2008

Die Kinder von Golzow ... dann leben sie noch heute. Das Ende der unendlichen Geschichte (2 DVDs). Absolut Medien 2008

GEHIRN

NEUE ZELLEN FÜR DIE ALTEN TAGE

VON JAN WEHBERG

Nicht nur während der Kindheit, wie noch bis vor Kurzem angenommen, sondern vermutlich ein Leben lang vermag das menschliche Denkorgan neue Neuronen hervorzubringen. Diese sollten jedoch genutzt werden – sonst schwinden sie schnell wieder

„Alles kann sterben, nichts sich regenerieren." So lautete in den 1920er Jahren ein Verdikt des spanischen Hirnforschers Santiago Ramón y Cajal. Der Nobelpreisträger sprach von den vielen Milliarden Nervenzellen des menschlichen Gehirns: Er war sich sicher, dass die Neuronen bereits bei der Geburt angelegt sind oder sich allenfalls in den Jahren bis zur Pubertät entwickeln können. Danach entstehe keine einzige neue Nervenzelle mehr, vielmehr lasse die Gehirnleistung im Alter meist nach.

Jahrzehntelang folgen Neuroanatomen, Physiologen und Ärzte Cajals Lehre vom stetigen Verfall. Und tatsächlich – so ist inzwischen erwiesen – wird etwa die Isolationsschicht der Nervenfasern mit den Jahren immer dünner, und die Ausschüttung der Botenstoffe, die für die Signalübertragung an den Synapsen zuständig sind, wird gedrosselt.

Doch außer bei Demenzerkrankungen gibt es bisher keine Hinweise darauf, dass Nervenzellen tatsächlich im Alter in größerer Menge absterben. Vielmehr häufen sich Erkenntnisse, dass unser Gehirn durchaus in der Lage ist, Folgen des Alterns auszugleichen: indem Nervenzellen ständig nachwachsen, selbst noch im höheren Erwachsenenalter. Wissenschaftler nennen dieses Phänomen „adulte Neurogenese".

Erste Anzeichen dafür lieferten in den 1960er Jahren Versuche an Ratten; später gelang dieser Nachweis auch bei Vögeln und sogar bei Primaten. Diese Erkenntnisse gerieten aber in Vergessenheit.

1997 konnte dann der Neurowissenschaftler Gerd Kempermann vom Forschungszentrum für Regenerative Therapien in Dresden gemeinsam mit seinem US-Kollegen Fred H. Gage zeigen, dass sich die adulte Neurogenese bei Mäusen sogar verstärken lässt: Die Forscher bauten für Nager, die ihr Leben bis dahin in reizarmen Käfigen verbracht hatten, ein Nest und Tunnel, gaben ihnen ein Laufrad und Bälle zum Spielen. Auf diese Weise konnten die Tiere neue Erfahrungen sammeln.

Bei einer späteren Untersuchung der Gehirne stellten die Neurologen fest, dass im Hippocampus, einer für das Lernen wichtigen Hirnregion, neue Nervenzellen entstanden waren.

Auch körperliche Aktivität regt die Neubildung von Neuronen an

Unklar blieb, ob solche Befunde auf den Menschen übertragbar sind. Die gängige Auffassung unter den Fachleuten lautete: Das Gehirn eines Erwachsenen lässt sich durch neue Neuronen ohnehin nicht verbessern – womöglich könnten, so eine Befürchtung, dadurch sogar epileptische Anfälle ausgelöst werden.

Erst 1999 gelang schwedischen und amerikanischen Wissenschaftlern ein aufsehenerregender Nachweis: bei Patienten, die an einer Krebskrankheit verstorben waren und denen Ärzte zuvor im Rahmen ihrer Behandlung speziell markierte DNS-Bausteine gespritzt hatten. Da alle wachsenden und neu entstehenden Zellen solche DNS-Bausteine einbauen, sollten mit dieser Methode Tumorzellen im Körper ausfindig gemacht werden. Bei der Untersuchung der Gehirne der Patienten zeigte sich zur Überraschung der Forscher, dass die DNS bei den Verstorbenen auch im Hippocampus angekommen war. Offenbar hatten sich noch bis zum Tod der Kranken neue Hirnzellen gebildet.

„Dies ist bis heute der einzig echte Beleg dafür, dass im erwachsenen menschlichen Gehirn neue Nervenzellen heranreifen können", sagt Gerd Kempermann. Dieser Nachweis konnte aber nicht mehr wiederholt werden, da das damalige Verfahren zum Aufspüren der Tumorzellen nicht mehr angewendet wird.

Offen ist auch die Frage, wozu genau die neuen Zellen dienen könnten: Ob sie *Ersatz* für verloren gegangene Neuronen sind, also bestimmte Ausfälle kompensieren – oder ob sie wichtig sind zur *Formung* bestimmter Hirnstrukturen, um diese an die Erfahrungen des Lebens anzupassen.

Für die zweite These spricht, dass es bei Mäusen nur in zwei Hirnregionen zur Neurogenese kommt: im *Bulbus olfactorius,* dem Riechkolben, sowie im Hippocampus, wo sich entscheidet, welche neuen Eindrücke im Langzeitgedächtnis gespeichert werden.

In beiden Arealen bildeten sich jedenfalls zunächst neue Stammzellen, aus denen dann die Neuronen entstanden.

Rund 15 000 Ältere sind an den Universitäten in Deutschland eingeschrieben. Neue Herausforderungen, so sagen Forscher, fördern das Nachwachsen von Nervenzellen im Hirn

Erstaunlicherweise unterschieden sie sich von den bereits vorhandenen Nervenzellen: Sie waren leichter durch Reize erregbar, und sie begannen sich schon bei geringer Intensität eines Reizes zu verknüpfen – das ergaben Versuche an lebenden Nagern. Womöglich sind sie so etwas wie eine „neurogene Reserve", so Gerd Kempermann.

Der Neurologe hält das menschliche Gehirn auch aus einem anderen Grund für ein höchst flexibles Organ: „Es ist vermutlich viel plastischer, als lange gedacht." Mit Plastizität ist hier die Fähigkeit gemeint, sich an neue Herausforderungen anzupassen. Schon seit den 1970er Jahren gilt es als gesichert, dass sich zwischen den Nervenzellen lebenslang neue Verbindungen bilden können. Die Wissenschaftler nahmen lange Zeit an, dass sich Lernprozesse nur so in der Hirnstruktur manifestieren können.

Doch sorgen nicht nur Lernen und neue Eindrücke für ein Hirnwachstum, wie man seit einiger Zeit weiß, sondern auch körperliche Aktivitäten: Mäuse, die im Laufrad nächtliche Runden drehten, steigerten die Neubildung von Nervenzellen gegenüber Nagern ohne Laufrad um das Drei- bis Fünffache.

Etwas Ähnliches lässt sich bei Menschen beobachten. Der Hamburger Neurologe Arne May ließ ältere Probanden im Alter von etwa 60 Jahren das Jonglieren lernen. Bereits nach fünf Tagen zeigten Aufnahmen mit einem Kernspintomografen eine Zunahme der grauen Substanz im Hippocampus.

Allerdings, so Arne May, ließ sich nicht mit Sicherheit sagen, ob dies tatsächlich Ergebnis einer Neurogenese war. Möglicherweise hatten sich lediglich schon vorhandene Zellen vergrößert, oder deren Verknüpfung könnte sich intensiviert haben.

Forscher wollen nun herausfinden, ob und wie sie die neuen Erkenntnisse medizinisch nutzen können. Auf welche Weise sich etwa das Wachstum der Stammzellen gezielt stimulieren oder sich deren Entwicklung zu Neuronen steuern ließe.

Womöglich profitieren davon als Erste Schlaganfallpatienten. Denn bei Ratten, die einen Schlaganfall erlitten hatten, stellte sich bei der Untersuchung der Gehirne heraus, dass neue Vorläuferzellen für Neuronen gezielt in die geschädigten Bereiche „wanderten".

Vielleicht wäre demnach künftig eine gezielte Regeneration bestimmter Hirnbereiche möglich – etwas, das Experten noch bis vor Kurzem für ausgeschlossen hielten.

Für Arne May lautet eine wichtige Erkenntnis: Dass Hirn kann an Herausforderungen wachsen – aber es schrumpft auch wieder, wenn die Beanspruchung nachlässt. Denn erhalten neue Zellen keine Aufgaben, sind sie schon innerhalb weniger Wochen nicht mehr nachweisbar. „Wenn also jemand in Rente geht", sagt der Neurologe, „und denkt, nun könne er den Kopf abschalten und sich nur noch zurücklehnen, macht er einen großen Fehler." □

Die gebürtige Hamburgerin **Monika Schimanowski-Brunkow** leitet einen Heizungs- und Sanitärbetrieb mit 16 Angestellten. Sie ist verheiratet, hat zwei angeheiratete Kinder und sechs Enkel

MONIKA SCHIMANOWSKI-BRUNKOW

»Sie hat mich ganz schön kleingemacht in den letzten Jahren«

Frau Schimanowski, Sie haben Ihren Vater und Ihre Mutter in den Tod begleitet?
Ja, aber mein Vater starb schon 1996, lange vor meiner Mutter. Er ist mit nur 72 Jahren an Alzheimer erkrankt. Meine Mutter ist erst einen Tag vor ihrem 90. Geburtstag gestorben. Zuvor hat sie jahrelang hier bei meinem Mann und mir in diesem Haus gelebt. Das haben mir meine Eltern geschenkt, als mein Vater noch lebte. Gut, habe ich gesagt, dafür werde ich euch hegen und pflegen bis an euer Lebensende.

Sie haben sich um Ihre alten Eltern gekümmert, so wie Ihre Eltern sich um Sie als Kind gekümmert haben?
Ja, mich haben sie nie richtig losgelassen, und ich habe sie nicht losgelassen.

Hatten Sie ein herzliches Verhältnis zu Ihren Eltern?
Herzlichkeit war bei uns zu Hause kein Thema. Meine Mutter hat sich zwar immer hinter mich gestellt, wenn ich etwas ausgefressen hatte. Da war sie ganz stark. Aber sie war nie so liebevoll, wie ich das von anderen Müttern kannte. Als ich schon älter war, habe ich ihr ab und zu ein paar Blümchen gekauft. Aber sie hat nie ihre Freude darüber gezeigt. Und sie hat nie zu mir gesagt, dass sie mich lieb hat. Obwohl das ganz bestimmt so war. Sie war nie herzlich zu mir, hat nie richtig mit mir geschmust. Das war nicht ihre Art.

Sie war eine Kämpfernatur?
Sie hatte eine ungeheure Stärke in sich. Manchmal hat sie dabei andere Menschen links liegen lassen, aber sie hat es immer wieder geschafft, nach dem Krieg,

Ursula Brunkow wurde 1918 in Danzig geboren. 1945 floh sie mit ihren zwei Kindern aus erster Ehe in einem Viehtransport nach Hamburg. Dort heiratete sie einen Heizungsbaumeister, bekam weitere zwei Kinder, darunter Monika, und arbeitete als Hausfrau. Sie starb im Juli 2008

als sie aus Danzig nach Westdeutschland kam und neu anfangen musste, und nach all ihren schweren Krankheiten. 1967, als sie 49 Jahre alt war, hatte sie Brustkrebs. Ich kann mich noch erinnern, dass sie im Krankenhaus sagte: „Ich komm hier wieder raus, meine Familie braucht mich." Und nach drei Monaten ist sie wieder daheim gesessen. Mit 67 Jahren hatte sie dann einen Tumor im Darm. Sie wurde operiert und bekam vorübergehend einen künstlichen Darmausgang. Kaum ging es ihr wieder besser, kam noch eine Lungenembolie dazu. Eine Woche lag sie mehr tot als lebendig auf der Intensivstation. Aber dann ist sie wieder auferstanden, was keiner mehr geglaubt hatte.

Wie würden Sie Ihre Mutter noch charakterisieren?

Sie war auch ein sehr lebenslustiger Mensch. Sie ist gern gereist. Und sie hat gefeiert und gesungen und geraucht bis ins hohe Alter. Sie war auch immer ein bisschen vorlaut, wofür ich mich als Kind oft geniert habe. Nachdem sich mein Vater mit einem Heizungs- und Sanitärbetrieb selbstständig gemacht hatte, waren viele Geschäftsleute bei uns im Haus. Da dachte ich mir oft: Könnte sie nicht mal den Mund halten! Sie hat auch gemeckert und gewettert und meinen Vater geschimpft, wenn er betrunken nach Hause kam. Das fand ich nicht in Ordnung. Er hatte seine ganze Jugend im Krieg verloren. Warum hätte man ihm das bisschen Spaß nicht gönnen sollen?

Haben die Eltern viel gestritten in Ihrer Kindheit?

Ja, ich bin dann in mein Zimmer gegangen und habe mir die Ohren zugehalten. Bevor sie zu Wohlstand kamen, haben sie auch wegen Geld gestritten. Mein Vater hat meine Mutter auch oft angeschrien, weil sie nicht sehr ordentlich im Haushalt war. Sie war zwar top im Nähen, Stricken, Kochen und Backen. Aber sie hat selten geputzt und die Kleider nur in die Schränke gestopft. Mein Vater dagegen war sehr korrekt und ordnungsbewusst. Ich glaube, meine Eltern waren nicht sehr glücklich in dieser Beziehung. Meine Mutter sagte einmal: „Ich bin ja nur bei deinem Vater geblieben, weil ihr Kinder da wart." Trotzdem hat mein Vater sehr an meiner Mutter gehangen. Das ist mir erstmals bewusst geworden, als sie wegen des Brustkrebses ins Krankenhaus kam. Da ist er zu Hause gesessen und hat geweint und gesagt: „Das hat sie nicht verdient!" Und als sie Darmkrebs hatte, bekam er einen Nervenzusammenbruch.

Hatten Sie zu Ihrem Vater ein innigeres Verhältnis als zu Ihrer Mutter?

Ja, er hat, als ich Kind war, mit mir geschmust. Wie meine Mutter war auch er kein Mensch, der Gefühle zeigte oder darüber redete. Wenn ich als Jugendliche wegen Liebeskummer weinte, sagte mein Vater: „Geh lieber arbeiten, dann vergisst du deinen Kummer!" Später habe ich dann nicht mehr geheult, weil ich stark sein wollte. Ich bin eher ein Typ, der anpackt, statt zu reden. Genau wie mein Vater.

Spiegelt sich auch Ihre Mutter ein wenig in Ihnen?

Das kann ich nicht beurteilen. Meine Schwester, die mehr als ich Gefühle und Liebe zeigen kann, ist viel mehr ein Spiegel meiner Mutter. Sie zieht sich auch gern schick an und trägt gern Schmuck. Ich bin da viel dezenter.

Wie war das für Sie, als Ihr Vater Alzheimer bekam und sich völlig veränderte?
Äußerlich war er noch mein Vater, aber innerlich war er ein ganz Fremder. Er musste rund um die Uhr betreut werden, musste gewickelt und gefüttert werden. Meine Mutter kam mit dieser Situation gar nicht zurecht, sie sagte immer: „Papa wird verrückt." Und ich sagte: „Papa ist krank." Aber für sie war das keine Krankheit, sie konnte das nicht einordnen. Also habe ich meine Mutter sehr unterstützt und dafür gesorgt, dass Pfleger ins Haus kamen.

Haben Sie sie auch emotional unterstützt?
Ich habe sie nie in den Arm genommen und gesagt, du schaffst das schon. Meinen Vater habe ich, als er krank wurde, streicheln können, füttern können, alles Mögliche. Den habe ich so lieb gehabt, wie ein Baby habe ich ihn betreut. Bei meiner Mutter ist mir das immer unheimlich schwergefallen.

Sie haben Ihren Vater zu Hause gepflegt?
Am Anfang ja. Denn ich hatte mir immer geschworen, dass ich meine Eltern niemals in ein Pflegeheim geben würde. Aber nach einiger Zeit ging es nicht mehr anders, die Mutter war bereits fix und fertig.

Wann ist Ihr Vater gestorben?
Sechs Wochen später. Er erlitt einen Herzinfarkt. Wir saßen am Ende an seinem Bett, und nach zwei, drei Stunden ist er eingeschlafen. Als Kind und noch als junge Frau hatte ich immer furchtbare Angst gehabt, dass meine Eltern sterben könnten. Doch diese Angst war plötzlich weg. Wohl weil es wegen seiner Krankheit ein so langer Abschied war. Auch meine Mutter hat am Bett nur einmal geweint und dann nie wieder. Danach hat sie ihr Leben genossen und ist gereist. Einmal sind wir nach Danzig geflogen, in ihre Heimatstadt, und haben die Orte ihrer Kindheit besucht.

»Dass ich sie liebe, ist mir nicht über die Lippen gekommen. Dabei habe ich sie ganz toll lieb gehabt«

Sind Sie Ihrer Mutter auf dieser Reise nähergekommen?
Ich kann nicht sagen, dass unser Verhältnis herzlicher wurde. Aber wir hatten beide unsere Freude an dieser Reise.

Und danach ist Ihre Mutter bei Ihnen eingezogen?
Noch nicht sofort. Mein Mann und ich haben ihr eine kleine Wohnung hier im Ort eingerichtet, damit sie näher bei uns ist. Ein halbes Jahr später ist sie in die Wohnung über uns eingezogen.

Wie alt war Ihre Mutter da?
79. Sie hat bis zu ihrem Tod noch zehn Jahre bei uns im Haus gewohnt. Am Anfang ging das auch gut. Aber nach ein paar Monaten wurde mein Mann an der Schulter operiert, und ich fuhr mit ihm in eine Reha-Klinik. Da fingen dann diese komischen Sachen an. Sie wollte nicht, dass ich aus dem Haus ging. Dann wurde sie jedes Mal krank. Oder sie behauptete, sie hätte einen Herzinfarkt. Oft rief sie mich schon morgens in der Firma an, die ich von meinem Vater übernommen hatte: „Ich kann nicht aufstehen, du musst einen Arzt holen!" Darauf bin ich so oft hereingefallen! Ich hatte jedes Mal panische Angst, habe alles stehen und liegen lassen und bin sofort nach Hause geeilt. Ich hätte alles für sie getan. Sie hat mich ganz schön kleingemacht in diesen letzten Jahren.

Sie hat Sie erpresst?
Ja, so habe ich das manchmal empfunden. Ich hatte das Gefühl, sie saugt mich aus. Und manchmal bin ich dagesessen und habe geweint und mir gesagt: Das kann nicht sein!

Ihre Mutter war aber nicht wirklich krank?
Wenn ich aus dem Büro nach Hause eilte, lag sie im Bett und stöhnte: „Ahhh, ich kann nicht mehr!" Der Arzt kam und gab ihr eine Beruhigungsspritze. Und ich zählte ihre Zigaretten ab. Wenn ich dann später nach ihr sah, waren es schon drei weniger. Sie konnte also nicht krank sein. Im Lauf der Jahre wurde das immer schlimmer. Ich habe das kaum noch ertragen, wie sie an meinem Rockzipfel hing und mich völlig vereinnahmte. Jeden Abend, wenn ich völlig kaputt von der Arbeit kam und eigentlich Zeit für mich gebraucht hätte, stand sie am Fenster und hat gelauert. Manchmal bin ich ganz wahnsinnig geworden. Ich habe Wutanfälle bekommen, habe sie angebrüllt oder die Tür zugeknallt. Dann wünschte ich mir, dass sie bloß endlich weg sein würde. Aber trotzdem habe ich mir nachts immer Sorgen gemacht und gelauscht, ob sie noch atmet, und morgens, ob ihre Schritte zu hören sind.

Es war lange eine Hassliebe zwischen Ihnen und Ihrer Mutter?
Der Hass war immer nur kurzfristig. Ich habe sie mehr geliebt als gehasst, sonst hätte ich das nicht durchgehalten. Und wenn ich heute an meine Mutter zurückdenke, so ist in der Erinnerung vor allem das Gute geblieben. Wir hatten ja auch schöne Zeiten. Und sie hat meinen Mann sehr gemocht. Später, als sie bereits im Pflegeheim war, sind wir oft sonntags zum Kaffeetrinken hingefahren. Dann sagte sie: „Na, Klausi!", und ich war eigentlich nicht so wichtig.

Ihre Mutter wurde auch zu einem Pflegefall?
Mit 84 bekam sie einen Schlaganfall. Von da an

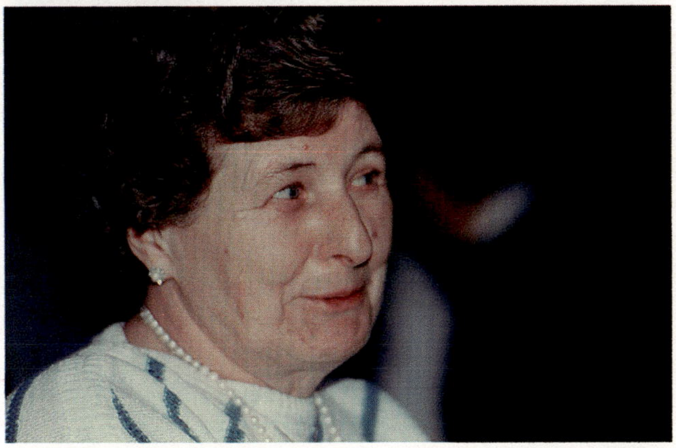

Monika Schimanowski-Brunkow hat nach dem Tod ihres Vaters ihre Mutter bei sich aufgenommen – und zwei Jahre lang gepflegt

konnte sie nicht mehr für sich sorgen. Sie hat nicht mehr geduscht und nicht mehr richtig gefrühstückt, nur noch ferngesehen und Zigaretten geraucht. Schließlich baten wir sie, dass sie in ein Pflegeheim geht. Sie stimmte dem auch zu. Aber als ich kam, um ihre Koffer zu packen, legte sie sich hin und sagte: „Ich sterbe jetzt." Wieder gab ich ihr nach, und sie hat mindestens noch zwei Jahre bei uns gelebt. Wir hatten zwar auch einen Pflegedienst, der jeden Morgen kam, um sie zu waschen. Und anschließend wurde sie zu einer Tagespflege abgeholt. Aber oft musste sie vorher noch aufs Klo. Sie hat dann die schmutzige Windel einfach auf den Boden geworfen. Oder die ganze Toilette vollgeschmiert und sich ohne Abputzen wieder angezogen. Mein Nervenkostüm hat das alles irgendwann nicht mehr ausgehalten. Ein Jahr vor ihrem Tod bin ich völlig zusammengebrochen.

Sie hatten einen Nervenzusammenbruch?

Ich hatte schon mehrmals vorher fürchterliche Drehschwindelanfälle. Aber eines Tages kam ein ganz schrecklicher Anfall. Ich wurde ins Krankenhaus gebracht und untersucht. Aber körperlich war alles in Ordnung. Trotzdem hatte ich weiterhin Herzrasen und immer wieder Atemnot, und ich bekam Schmerzen. Erst eine Neurologin fand heraus, was mir fehlte. Ich hatte eine Depression infolge der Dauerüberlastung. Psychopharmaka haben mir dann sehr gut geholfen.

Und danach kam Ihre Mutter in ein Pflegeheim?

Das war, nachdem sie sich auf der Treppe völlig entleert hatte. Zunächst blieb ich ganz ruhig, habe sie frisch angezogen und die Treppe geputzt. Aber hinterher habe ich jämmerlich geweint und zu meinem Mann gesagt: „Jetzt ist Schluss!" Wir haben sie dann erst einmal zur Urlaubspflege ins Heim gegeben. Ich habe meine Mutter aber jeden Tag angerufen.

Sie konnten also nicht wirklich loslassen?

Nein, ich konnte nicht loslassen. 14 Tage vor ihrem Tod hatten mein Mann und ich eine Reise nach Usedom gebucht. Als ich Mama vor der Abfahrt besuchte, meinte die Pflegeschwester: „Sie mag nicht mehr laufen und nicht mehr essen." Zu Hause sagte ich zu meinem Mann: „Jetzt verdirbt sie uns auch diesen Urlaub!" Und schon klingelte das Telefon und wir bekamen die Nachricht, dass meine Mutter ins Krankenhaus müsse. Die Ärzte dort konnten aber nichts Akutes feststellen. Deshalb beschloss ich: „So, wir fahren jetzt doch, sonst breche ich wieder zusammen." Als wir zurückkamen, bin ich sofort zu ihr ins Krankenhaus und habe sie gestreichelt.

Jetzt konnten Sie ihr also Zärtlichkeit geben?

Ja. Nachdem sie ins Pflegeheim gegangen war, konnte ich das. Und ich habe auch meine innere Ruhe wiedergefunden.

Haben Sie ihr auch gesagt, dass Sie sie lieben?

Nein, ich habe keine lieben Worte gefunden. Manchmal denke ich, ich hätte sie finden müssen. Ich habe höchstens gesagt: „Mama, ich bin da, und du bist nicht allein." Aber dass ich sie liebe, ist mir nicht über die Lippen gekommen. Dabei habe ich sie ganz toll lieb gehabt.

Ist sie dann im Krankenhaus gestorben?

Nein. Wie bei meinem Vater wollte ich das auch bei meiner Mutter nicht. Ein paar Tage vor ihrem Tod wurde sie zurück ins Pflegeheim gebracht. Da war sie dann auch schon sehr verwirrt und redete merkwürdige Dinge. Sie hat gesungen: „Trink, Brüderlein, trink!" Und sie hat gefragt, wo denn mein Vater sei.

Wie waren die letzten Tage im Pflegeheim?

Es ging ihr sehr schlecht. Sie hatte schlimme Atembeschwerden. Am Wochenende waren wir abwechselnd bei ihr, meine Schwester, mein Mann und ich. Und unsere Enkelkinder waren da und sind noch mal zur Oma ins Bett gekrochen. Am Montag blieb meine Schwester tagsüber bei ihr, und ich bin nach der Arbeit dazugekommen. Als ich ihre Bettdecke hochhob, war die ganze rechte Seite bereits eiskalt und voller Leichenflecken.

Wie bei einer Toten?

Ja, im ersten Moment hielt ich sie für tot. Aber dann hat sie die Augen ganz groß aufgerissen. Und sie streckte ihre linke Hand hoch. Sie bekam ein Mittel, damit sie zur Ruhe kommen würde. Aber das half nichts. Die Nachtschwester meinte, wir sollten besser das Zimmer verlassen. Meine Mutter würde es spüren, dass wir da sind, und könne deshalb nicht gehen. Das sei oft so bei Sterbenden, dass sie das Alleinsein brauchen, um den Weg besser zu finden.

Sie waren also nicht dabei, als Ihre Mutter starb?

Nein, ich habe mich darauf eingelassen und bin gegangen, obwohl ich eigentlich nicht wollte. Viel lieber hätte ich sie noch im Arm gehalten. Um zwei Uhr nachts ist sie dann eingeschlafen. Und am nächsten Morgen haben wir sie gesehen. Sie war sehr schön aufgebahrt, mit Blümchen und allem, und sah so friedlich und lieb aus, wie eine schlafende Puppe. Sie hat so viel Ruhe ausgestrahlt, als wäre da eine ganz große Wandlung geschehen.

Hatten Sie das Gefühl, sie loslassen zu können, als Sie in dieser Nacht gegangen sind?

Ja, ich glaube, ich musste auch gehen. Aber ich habe mich immer wieder gefragt, ob es richtig war. Manchmal denke ich: Wenn ich nicht diesen Zusammenbruch gehabt hätte und meine Kraft ganz da gewesen wäre, dann hätte ich sie wieder hochziehen können. So wie mir das immer gelungen war. Sie muss das gespürt haben, dass mir diese Kraft fehlte.

Fühlten Sie sich alleingelassen nach dem Tod Ihrer Mutter?

So ging es mir komischerweise nur nach dem Tod meines Vaters. Ich bin oft zum Friedhof gefahren, habe Zwiegespräche mit ihm gehalten und ihm vorgeworfen, dass er so früh weggegangen ist. Zum Grab meiner Mutter bin ich anfangs gar nicht gefahren.

Haben Sie jetzt Ihren inneren Frieden?

Ja, den habe ich. Denn mehr konnte ich für meine Mutter nicht tun. Die Tabletten wegen der Depression darf ich jetzt auch wieder absetzen. Und ich kann mich wieder mehr freuen, zusammen mit meinem Mann oder meinen Enkelkindern. Neulich hat mein Mann zu mir gesagt: „Jetzt kannst du wieder richtig lachen. Das hast du jahrelang nicht getan."

HANS-JÖRG CLEMENT

»Ich bin ihm ähnlicher, als ich wahrhaben wollte«

Herr Clement, Sie haben Ihren Vater in den letzten Tagen vor seinem Tod begleitet. Wie kam es dazu?

Meine Eltern hatten sich dafür entschieden, dass er zu Hause im Kreis der Familie sterben sollte, nachdem es keine Hoffnung auf Heilung mehr gab. Mein Vater war bereits seit Jahren wegen einer Prostatakrebserkrankung in Behandlung, dann wurde auch noch ein Bauchspeicheldrüsenkarzinom diagnostiziert. Eine Chemotherapie war nur vorübergehend erfolgreich.

Ihr Vater wollte nicht weiter gegen die Krankheit kämpfen?

Natürlich haben wir lange gehofft, auch aus ganz egoistischen Gründen, weil wir diesen geliebten Menschen nicht verlieren wollten. Aber meine Mutter, meine Frau und ich hatten intensiv miteinander gesprochen und ihm dann selbst die Entscheidung überlassen, ob er es noch einmal mit einer Chemotherapie versuchen wollte. Wir sagten ihm, dass wir uns zwar wünschten, dass er jede Chance nutzt, dass er es aber nicht für uns tun soll. Das war eine große Erleichterung für ihn, und er beschloss, auf eine weitere Behandlung zu verzichten.

Sie gaben ihm also das Gefühl, dass Sie ihn loslassen können?

Zu diesem Zeitpunkt sicher noch nicht. Er hat ganz genau gespürt, dass es uns schwerfällt. Wer kann wann loslassen? Das war die entscheidende Frage während des Prozesses der Sterbebegleitung und des Abschiednehmens. Er wäre dazu viel früher in der Lage gewesen als meine Mutter und ich. Und in den letzten Tagen hat er das auch formuliert: „Ich will sterben. Ich habe keine Angst, es tut mir nur leid um euch." Er wollte loslassen, wusste aber, dass wir es noch nicht konnten.

Wann waren Sie persönlich dazu in der Lage?

Tatsächlich erst in dem Moment, als er starb. Dann allerdings mit einer erstaunlichen Leichtigkeit. Die Gewissheit, dass er wirklich den Tod gesucht hat und dass ich in diesem entscheidenden, sehr intimen Moment bei ihm war, schaffte eine Nähe, die es mir viel leichter machte loszulassen. Und das ganz bildlich: Ich hielt seine Hand und streichelte sie, während meine Mutter die andere Hand hielt. Seine Hand öffnete sich, einen Augenblick lang waren unsere Fingerspitzen noch miteinander verbunden, dann lösten sich unsere Hände voneinander. Es war ein sehr gutes Gefühl. Ich

Der promovierte Philologe **Hans-Jörg Clement** leitet die Kulturabteilung der Konrad-Adenauer-Stiftung in Berlin und ist Geschäftsführer des Else-Heiliger-Fonds

Hans Clement wurde 1924 in Bad Kissingen geboren. Als Offizier im Führungsstab der Bundeswehr war er unter anderem bei der NATO eingesetzt. Er starb 2006

hatte den Eindruck, dass er seinen Körper verlässt, hinter mich schreitet und mir in einer anderen Form ganz nah ist. Ich habe deutlich gespürt, dass sich da eine neue Form der Präsenz entwickelt, wodurch es mir leicht fiel, mich von dem toten Körper zu trennen.

Philip Roth, der seinen Vater ebenfalls beim Sterben begleitet hat, schreibt in seinem Buch „Mein Leben als Sohn": „Sterben ist Arbeit." Haben Sie das ähnlich empfunden?

An dem Nachmittag, an dem mein Vater starb, dämmerte er fast nur noch dahin. Aber einmal wachte er auf, weil er starke Schmerzen hatte, und sagte: „Ich hätte nicht gedacht, dass es so schwer ist zu sterben." Offensichtlich muss es auch für ihn Arbeit gewesen sein. Und damit meine ich tatsächlich physische Arbeit. Die psychologische Arbeit, das Abschließen mit dem Leben, das Bereitsein für den Tod, war bereits vorher geschehen.

Was hat sich in Ihnen selbst abgespielt, während Ihr Vater starb?

Es fiel mir schwer, mich in die Perspektive meines Vaters hineinzuversetzen, seine Entscheidung zu akzeptieren und mir zu sagen: Jetzt vergiss mal deine egoistischen Gründe, warum du diesen Menschen unbedingt behalten willst, zeig dich ebenso tapfer wie er und sei ihm ein sicherer Begleiter. Es war ein schwieriger Prozess, bis ich mir endlich eingestehen konnte: Ja, dieser Mensch will sterben, diese Erleichterung soll er erfahren, und eigentlich möchte ich jetzt auch, dass er stirbt.

Wie lange waren Sie vor seinem Tod bei ihm?

In den Wochen davor habe ich ihn immer wieder besucht, in den letzten fünf Tagen war ich dann durchgehend bei ihm. Als mich meine Mutter anrief und sagte, dass es schnell gehen könnte, war ich gerade auf dem Weg zu einer Tagung in Italien. Ich flog sofort nach Bonn. Ich erinnere mich noch genau an seinen Blick, als ich das Zimmer meines Vaters betrat. Da war ein starkes Strahlen in seinen Augen, und uns beiden war klar: Das wird die letzte Begegnung sein, jetzt darf er seinen Weg gehen. Ich glaube, er hätte das vorher nicht gemacht.

Er wäre nicht gestorben, bevor Sie da waren?

Ja. Dieser Abschied war wichtig für ihn, und ebenso für mich. Ich habe allerdings erst viel später verstanden, wie wichtig er für mich war. Nicht nur, um mich noch einmal sehen zu können, sondern auch, um mir sozusagen seine Lektion weiterzugeben. Es gibt einen sehr schönen Text von Hilde Domin, das Gedicht „Unterricht", in dem sie davon spricht, dass der Sterbende dem Zurückbleibenden eine Lektion erteilt, die eben nur ein Sterbender erteilen kann.

Können Sie diese Lektion beschreiben?

Durch meinen Vater habe ich gelernt, dass dieses irdische Leben weder der Anfang noch das Ende von allem ist, sondern nur ein Atemzug. Es war im engsten Sinne des Wortes ein existenzielles Erlebnis. Seitdem stehe ich dem Tod und dem Sterben sehr viel gelassener gegenüber. Ohne genau definieren zu können, was denn nach dem Tod geschieht, habe ich eine ganz starke Gewissheit, dass es da noch eine zusätzliche Dimension gibt und dass ich jetzt von der Stärke meines Vaters in anderer Weise profitiere. Ich habe das Gefühl, dass er heute viel mehr bei mir ist als während seines physischen Lebens.

»Ich habe das Gefühl, dass mein Vater heute viel mehr bei mir ist als während seines physischen Lebens«

Das heißt, er ist immer noch hinter Ihnen?

Er ist buchstäblich hinter mir. Alles, was meinen Vater ausgemacht hat, seine Stärke, seine Ruhe, ist sehr nahe bei mir und trägt mich. Ich habe mich geöffnet und kann jetzt eine Emotionalität zeigen, wie es mir zuvor nicht möglich gewesen wäre.

Gehörte das auch zur Lektion des Sterbenden, dass Sie lernen, sich mehr zu öffnen?

Ja, und das ist umso erstaunlicher, als mein Vater ja einer Generation angehörte, die nicht dazu erzogen wurde, Emotionen zu zeigen. Er war vor allem die Leitfigur innerhalb des Familienverbandes, eine Autorität, eine Instanz, nach der man sich ausrichtete. Wir Kinder spürten zwar eine grundsätzliche Geborgenheit, aber er war sicherlich kein übermäßig zärtlicher Vater. Er war von Beruf Offizier gewesen. Bis zum Schluss zeigte er eine starke Disziplin und große Contenance. Seine Haare mussten bis zuletzt genau gekämmt sein. Dass man ausgerechnet von einem Menschen, der sein Leben lang Wert auf Haltung und Form gelegt hat, dazu gedrängt wird, sich ganz zu öffnen und Emotionen zuzulassen, ist eine besondere Erfahrung.

Warum war gerade der Tod des Vaters ein so existenzielles Erlebnis für Sie?

Das war für mich die eigentliche Überraschung. Bis dahin hatte ich immer gedacht, ich würde mehr meiner Mutter ähneln, die ein sehr emotionaler Typ ist. Doch am Ende stellte ich fest, dass es auch zwischen meinem Vater und mir eine solche enge Verbundenheit gibt und dass ich ihm doch viel ähnlicher bin, als ich immer wahrhaben wollte.

Auf Haltung und feste Standpunkte legt der Sohn heute ebenso viel Wert wie früher der Vater. Erst dessen Tod hat Hans-Jörg Clement klargemacht, weshalb er häufig distanziert auf andere wirkt

Welche Ähnlichkeiten sind das?

Mein Vater ruhte absolut in sich selbst, bewältigte sehr ruhig Situationen, in denen um ihn herum große Aufregung herrschte, und traf seine Entscheidungen, die dann nicht mehr relativiert wurden. Er wusste, wo er stand. Nun ist mir klargeworden, warum auch ich häufig so kompromisslos bin und auf andere Menschen distanziert wirke. Meine Frau hat einmal zu mir gesagt: „Du hast ein so strenges Raster, dass ich mich oft frage, warum ich da nicht durchgefallen bin."

Hat sich das Vater-Sohn-Verhältnis umgekehrt? Wurden Sie stärker, während er schwächer wurde?

Mein Vater war eine Autoritätsperson, aber ich habe mich nie von seiner Autorität bedroht oder unterdrückt gefühlt. Wir hatten immer eine stark partnerschaftliche Beziehung. Das Verhältnis Vater-Sohn hat sich aber insofern umgedreht, als derjenige, der mir stets emotionale Sicherheit gegeben hatte, nun seinerseits das Bedürfnis hatte, von mir diese Sicherheit zu bekommen. Ich glaube, es war für meinen Vater wichtig, noch einmal expressis verbis bestätigt zu bekommen, dass er mir ein wunderbarer Vater war.

Haben Sie Ihrem Vater auch Dinge gesagt, die bis dahin nie zur Sprache gekommen waren?

Nein, es gab nichts Unausgesprochenes zwischen uns. Aber auf einer nonverbalen Ebene entstand eine Intimität, die mit keiner früheren Lebensphase vergleichbar ist. Diese Blicke und Berührungen, diese unausgesprochene Verbundenheit haben das gesprochene Wort bei Weitem übertroffen.

Hatten Sie Angst davor, an sein Sterbebett zu treten?

Zunächst ja, da ich mir nicht vorstellen konnte, wie diese Situation sein würde. Doch diese Angst ist mir genommen worden durch die enorme Dichte dieser Situation. Sie macht einen stärker und sicherer. Plötzlich stellt sich nicht mehr die Frage, ob es einem schwerfällt oder nicht, es passiert einfach, es ist eine Notwendigkeit.

Und Sie konnten sich diese Stärke auch für Ihr weiteres Leben bewahren?

Absolut. Das liegt einerseits daran, dass mich die Kraft meines Vaters, theatralisch gesprochen, wie ein Mantel umgibt. Und andererseits an Erfahrungen mit dem Tod, die sich sehr schwer vermitteln lassen. Bevor ich zu meinen Eltern flog, hatte ich noch ein Telefonat mit dem Schriftsteller Adolf Muschg. Er sagte: „Sie werden das jetzt noch nicht verstehen, aber es wird für Sie auch eine sehr schöne Zeit." Er hatte recht, es war tatsächlich auch eine schöne und glückliche Zeit.

Sie fühlten sich glücklich, während Ihr Vater im Sterben lag?

Mein Vater hat mir meine Mitte gezeigt. Es ist ein ganz großes Geschenk, das ich da bekommen habe.

Haben auch Sie ihn in dieser Zeit beschenkt?

Ich glaube, er hat unsere Entscheidung, dass wir ihn zu Hause bei uns haben und diese entscheidende Phase mit ihm gemeinsam gehen wollten, als Geschenk empfunden.

Es ist nicht selbstverständlich, dass Kinder ihren Eltern dieses Geschenk machen. Vor allem nicht die Söhne.

Das stimmt. Aber vielleicht ist meine Generation jetzt einfach dran, sich von ihren Eltern zu verabschieden, gerade von dieser Generation von Vaterfiguren. Meine Generation hat den Vätern ja immer Kälte, Emotionslosigkeit, Distanziertheit vorgeworfen. Und wir haben uns sehr viel darauf eingebildet, einen ganz anderen Entwurf zu wagen. Aber ich glaube, dass viele in meiner Altersgruppe ungleich mehr Routine, Opportunismus, Ignoranz leben, als wir das vielleicht wahrhaben wollen. Und ich glaube, dass viele die Nähe, die sich in einer solchen Begegnung mit einem Sterbenden ergibt, vielleicht gar nicht zulassen können und ihr, bewusst oder unbewusst, aus dem Weg gehen.

Die meisten scheuen wohl auch die Dinge, die mit der Pflege eines Todkranken verbunden sind. Philip Roth schildert zum Beispiel eine Szene, in der sein Vater es nicht mehr schaffte, auf die Toilette zu gehen.

Genau diese Situation gab es bei uns auch. Die Pflege eines Sterbenden erfordert die intimsten Verrichtungen, aber ich hatte nie das Gefühl, dass mir etwas unangenehm ist. Ich habe mich keine Sekunde geekelt. Ich habe einfach alles so gemacht wie meine Mutter. Es war selbstverständlich, für uns wie auch für meinen Vater. Es gab auch keine Situation, in der er Schamgefühle gehabt hätte. Alles war stimmig, da stellten sich Themen wie Ekel oder Scham überhaupt nicht. Es hat mich auch sehr angerührt, mit welcher Hingabe meine Mutter ihn gepflegt hat. Ich konnte noch einmal wunderbare Momente zwischen meinen Eltern beobachten und erleben, dass zwischen ihnen eine große Liebe war.

Philip Roth schreibt, dass er seinen Vater seit der Kinderzeit erstmals wieder nackt gesehen hat und ihn noch einmal ganz bewusst betrachtete, als er ihn im Bad säuberte. War das bei Ihnen und Ihrem Vater ähnlich?

Nein, wir sind da unverkrampft aufgewachsen. Aber es hat mich stark berührt, diesen mageren, sterbenden Körper zu sehen. Mein Vater war immer ein sehr sportlicher Typ gewesen. Bis zu seiner Krankheit, also mit fast achtzig Jahren, hatte er noch lange Wanderungen und Fahrradtouren unternommen und war im Winter über die steilsten Pisten gefegt. Ich fand es ganz erstaunlich, wie schnell der physische Verfall vonstatten geht. In den Wochen vor seinem Tod sah er immer schlechter aus. Was aber blieb, sind die unverwechselbaren Augen und das Lächeln.

Wie erlebten Sie seinen physischen Tod?

Ich habe es gesehen und gespürt. Ich habe bemerkt, dass die Temperatur sank und der Körper kalt wurde, ich habe gefühlt, dass die Hand steif wurde. Der Atem wurde langsamer, und das Gesicht veränderte sich noch einmal. Aber das spielte keine Rolle. Meine Mutter sagte: „Ich finde ihn immer noch so schön!“ Wenn ich den Leichnam meines Vaters nach einem Unfall oder in einer klinischen Situation zu Gesicht bekommen hätte, wäre das ein Albtraum gewesen, da bin ich mir ganz sicher. Wenn man aber das Geschenk bekommen hat, dem Sterben beizuwohnen, hat ein toter Körper nichts Schockierendes, nichts Abstoßendes. Der Tod bekommt eine Leichtigkeit, das ist ganz erstaunlich. Es entsteht eine große Ruhe in diesem Moment. Eine unvergleichliche Ruhe.

SOFIA GOSTNER

»Die Trauer hat mich reifer gemacht«

Sie haben auf der Truhe im Hausgang einen kleinen Altar aufgebaut. Eine Gedenkstätte für Ihre Mutter?

Ja, da steht eine Madonna und ein Bild von meiner Mutter. Und Blumen und eine Kerze, die fast immer brennt. Meine Schwiegermutter war letzte Woche in Rom und hat mir einen Rosenkranz mitgebracht, den der Papst gesegnet hat. Den habe ich auch dazugehängt. Es gibt mir das Gefühl, dass sie immer da ist. Und ich spreche auch mit ihr.

Sie sprechen oft mit Ihrer Mutter?

Ja. Jedes Mal, wenn ich vorbeigehe. Und abends, bevor ich schlafen gehe, mache ich das Kreuzzeichen über sie. Wir lassen auch regelmäßig eine Messe für sie lesen. Ich glaube, das sind wir ihr schuldig. Ich denk mir halt, dass sie jetzt näher da oben ist bei Gott und uns vom Himmel aus segnet und beschützt. Das find ich sehr beruhigend. Und dann denk ich mir, das hat eben so sein sollen.

Wann ist Ihre Mutter gestorben?

Im Februar 2008. Im Krankenhaus in Bozen. Sie ist 81 Jahre alt geworden.

War sie längere Zeit krank?

Ja. Ein Jahr vor ihrem Tod musste sie ins Krankenhaus und operiert werden. Dabei stellte sich heraus, dass sie Krebs hat. Das war eine strenge Operation für meine Mutter. Anschließend machte sie eine Chemotherapie, und es sah eine Zeit lang ganz gut aus. Im Dezember kam sie wieder ins Krankenhaus, weil sie große Schmerzen hatte. Und da erzählte uns der Arzt, dass es nur noch ein paar Monate dauern könnte.

Wie haben Sie diese Mitteilung aufgenommen?

Das hat mir den Boden unter den Füßen weggezogen. Ich wusste nicht, was ich sagen sollte. Meine Mutter hat mich immer wieder gefragt: Was hat der Arzt gesagt? Wie ist der Befund? Aber ich bin ihr ausgewichen und habe geantwortet: Ich weiß es nicht, der andere Arzt muss es sich erst noch anschauen.

Also weder Sie noch die Ärzte haben es Ihrer Mutter gesagt?

Erst zum Schluss haben wir ihr erklärt, dass sie jetzt eine Schmerztherapie machen muss. Ich bin auch so dumm gewesen und habe immer gehofft, dass sie wieder gesund wird. Wir alle haben es nicht wahrhaben wollen, dass sie so krank ist, weder ich noch meine Geschwister. Und auch meine Mutter hat jedes Mal, wenn es ihr etwas

Die Südtirolerin **Sofia Gostner** lebt mit ihrem Mann und sechs Kindern in Völs am Schlern. Sie bewirtschaftet einen Hof und vermietet Ferienwohnungen

Sofia Gasser wurde 1927 in Villanders in Südtirol geboren. Als junges Mädchen arbeitete sie als Haushaltshilfe. 1954 heiratete sie, kümmerte sich mit ihrem Mann um einen Hof und brachte sieben Kinder zur Welt. Sie starb im Februar 2008

besser ging, gesagt: Das verzieht sich wieder. Erst am Ende hat sie selber gemerkt, dass sie bald sterben muss.

Wie hat Ihre Mutter reagiert, als sie das erkannte?

Es hat mich immer verwundert, dass sie so wenig darüber geredet hat. Sie hat mir nur irgendwelche Sachen mitgegeben und gesagt: Die brauche ich nicht mehr. Und sie hat mir Dinge mitgeteilt, die sie ganz besonders gut konnte. Die sollte ich mir aufschreiben, damit sie nicht in Vergessenheit geraten. Sie hat mir auch gesagt, dass ich gut für meine Kinder sorgen und dahinter her sein soll, dass sie den Schulabschluss schaffen. Das war typisch für sie. Sie war so pflichtbewusst. Aber sie hat nicht viele Worte um sich und ihren Tod gemacht. Sie war eine Kämpferin und hat nie gejammert.

Bis zuletzt nicht?

Nein, und sie hat sich auch nie gehen lassen. Als ihr nach der Chemotherapie die Haare ausfielen, trug sie eine Perücke. Sie wollte bis zum Schluss gut aussehen. Und sie hat versucht, bis zuletzt ihren Haushalt zu machen und selbstständig zu bleiben. Mit letzter Kraft hat sie ihre Zähne noch selber geputzt.

Und Sie selbst haben das Thema Sterben auch nicht angesprochen?

Nein, ich wollte es ihr nicht schwer machen. Ich bin einfach da gewesen und habe ihr oft die Füße massiert, weil ich glaubte, dass ihr das guttut. In den letzten Tagen habe ich dann immer nur ihre Hände gehalten und sie nicht mehr massiert, weil der Doktor meinte, jeder Handgriff würde ihr nur Schmerzen bereiten.

Hatten Sie das Gefühl, sie nicht loslassen zu können?

Schwer zu sagen. Einerseits wollte ich sie dabehalten, andererseits hab ich aber gesehen, dass sie leidet und dass ich sie gehen lassen muss. Ich sehe sie noch vor mir am letzten Tag. Die Krankenschwester hat mich gefragt, ob sie den Krankenhausseelsorger kommen lassen soll. Mit ihm zusammen habe ich dann meiner Mutter den Rosenkranz um die Hände gelegt, wir haben gemeinsam gebetet, und er hat ihr das Sakrament der Krankensalbung gespendet. Das hat sie noch mitbekommen. Sie hat ganz fest die Hände gefaltet. Meine Mutter war sehr religiös, das gab ihr Kraft und Vertrauen.

»Ich möchte Dinge, die ich besonders gut kann, an andere weitergeben – wie meine Mutter«

Sie waren allein bei Ihrer Mutter, als es mit ihr zu Ende ging?

Nein, nur am Vormittag des letzten Tages, als der Pfarrer bei ihr war. Ich telefonierte mit dem Vater. Am frühen Nachmittag kamen dann er und fast alle Geschwister dazu. Meine Mutter sagte dann noch etwas zu meinem Bruder, das man nicht mehr verstehen konnte. Das war das Letzte, was sie gesagt hat. Ich fuhr dann noch einmal heim, ich musste zu meiner Familie. Der Vater, die Brüder und eine Schwester blieben bei ihr. Um ein Uhr in der Früh hat mich meine älteste Schwester angerufen, dass ich gleich ins Krankenhaus kommen soll. Da waren dann mein Vater, der jüngste Bruder, zwei Schwestern und ich im Zimmer versammelt. Gegen Morgen ist meine Mutter gestorben. Sie gab so ein lautes Atmen von sich.

Ein Seufzen?

Nein, ein Seufzen war es nicht. Es war ein schweres Atmen. Wir hätten ihren Tod fast nicht mitbekommen. Auf einmal sagte mein Bruder, sie schnauft nicht mehr. Wir saßen neben ihrem Bett, mein Vater hat ihre Hand gehalten, und wir haben es nicht verstanden, dass sie schon gestorben war. Wir dachten, die muss doch wieder schnaufen! Später kam dann auch ein Pater. Der hat den Vater getröstet, und wir haben gemeinsam Rosenkranz gebetet. Die Krankenschwestern haben neben dem Bett eine Kerze angezündet. Und wir konnten noch bleiben und uns verabschieden.

Sind Sie noch lange bei Ihrer Mutter gesessen?

Ja, ich hatte einen Weinkrampf, ich konnte nicht mehr aufhören. Das passiert mir immer noch oft, wenn ich daran denke. Wir konnten bei ihr am Bett bleiben, bis irgendwann am Vormittag jemand kam, um sie in die Leichenkapelle zu bringen. Sie haben sie sehr schön angezogen. Sie sah so ruhig und friedlich aus. Aber sie war weiß wie eine Mauer und hatte eine Leere im Gesicht, wie bei einer Wachsfigur. Sie war nicht mehr sie selber.

Hatten Sie eine besonders enge Beziehung zu Ihrer Mutter?

Ja, wir haben jeden Tag telefoniert, manchmal auch zweimal. Sie gab mir Tipps beim Kochen oder für den Garten. Auch bei Problemen mit Krankheiten oder wenn eines der Kinder eine Prüfung hatte, telefonierten wir.

Hatten Sie schon als Kind ein so enges Verhältnis zu Ihrer Mutter?

Nicht nur ich, alle sieben Geschwister waren ihr sehr nahe, weil wir schon von klein auf viel mit ihr zusammen gearbeitet haben auf dem Hof. Während der Vater viel mit dem Lastwagen unterwegs war. Sie hat uns gebraucht, und wir haben viel von ihr gelernt.

Was war es, das Sie zu Ihrer Mutter hingezogen hat?

Sie hat mir eine Stütze gegeben, zum Beispiel, wenn ich ein Kind bekommen habe. Ich habe mir dann immer

Die Parallelen im Leben von Mutter und Tochter sind auch neben der äußerlichen Ähnlichkeit unübersehbar: der gleiche Vorname, viele Kinder, verheiratet mit Landwirten, harte Hofarbeit

gedacht, die Mutter hat das gepackt, also pack ich es auch.

Welche Form hatte diese Nähe? Hat sie Sie in den Arm genommen?

Das war bei uns nicht üblich. Als ich klein war, war sie sehr streng, aber auch gütig, sie wollte als Respektsperson behandelt werden. Ich fühlte mich aber immer zu ihr hingezogen und aufgenommen, sie gab mir viel Kraft und Selbstvertrauen.

Ist Ihre Mutter im Alter weicher geworden?

Weich war sie schon immer, sie hat allerdings darauf geachtet, dass wir Kinder immer beschäftigt waren. Aber sie war auch sehr großzügig und hat gern gegeben. Sie hat fast nie etwas für sich selber getan, immer nur für andere.

War Ihre Mutter ein Vorbild für Sie?

Ja, das war sie. Vor allem bei der Erziehung der Kinder. Sie versuchte im Leben immer alles mit Gutem zu lösen und Streit zu vermeiden, besonders in der Familie.

Haben Sie versucht, so zu werden wie Ihre Mutter?

Irgendwie schon. Vielleicht fühlte ich mich deshalb so eng verbunden, weil ich in einer ähnlichen Situation bin. Die Arbeit auf dem Hof und die Kinder.

Das Leben der Mutter war Arbeit?

Ja. Sie hat bis in die Nacht hinein gearbeitet, im Haushalt und auf dem Hof – neben dem Vater. Als ich klein war, hatte sie kein einfaches Leben. Sie hat alles mit der Hand im Haushalt machen müssen. Es gab nicht mal fließendes Wasser.

Und Ihr Leben ist auch Arbeit?

Ich mache das gern so. Wir haben einen Bauernhof – da gibt es einfach viel Arbeit. Und es freut mich, wenn etwas ein Erfolg ist, wenn zum Beispiel die Ernte gut ist. Nur in der Zeit, als ich jeden Tag bei meiner Mutter im Krankenhaus war, da war das hier auf einmal nicht mehr so wichtig. Ich hab gemeint, ich muss jetzt für sie da sein, bevor es zu spät ist. Ich habe hier alles stehen und liegen gelassen, habe mir gedacht, die werden schon allein zurechtkommen.

Vermissen Sie Ihre Mutter sehr?

Ja. Mir fehlen die täglichen Telefongespräche. Und dass ich sie nicht um Rat fragen kann. Es ist eine Leere.

Sind Sie Ihrer Mutter sehr ähnlich?

Ja, und ich glaube, weil sie für mich ein Vorbild gewesen ist und wir immer engen Kontakt gehabt haben. Daraus entstanden dann gleiche Meinungen und Verhaltensweisen. Wir haben den gleichen Vornamen Sofia. Und wir sind genau im Abstand von 30 Jahren geboren. Sie ist Jahrgang 1927, ich 1957. Und ich habe fast gleich viele Kinder.

Haben Sie den Eindruck, dass Sie nun niemand mehr so liebt, wie Ihre Mutter das getan hat?

Ich glaube, die Beziehung zu ihr war so wie zu niemandem sonst. Ich kann mit meinem Mann zwar auch über alles reden, wir haben keine Geheimnisse. Mit meiner Mutter war das aber etwas anderes. Ich konnte sie jederzeit anrufen, und sie hörte mir zu, wann immer ich wollte.

Sind Sie noch oft traurig wegen ihres Todes?

Ja, immer wenn ich allein bin, dann habe ich so eine traurige Stimmung in mir. Aber komischerweise hat mich die Trauer auch stark gemacht. Früher habe ich mich viel schneller über irgendetwas aufgeregt oder hab mir Sorgen gemacht. Heut bin ich da lockerer und ganz ohne Angst. Die Trauer hat mir Kraft gegeben und mich auch reifer gemacht. Meine Mutter lebt weiter in meinem Herzen.

Denken Sie seit dem Tod Ihrer Mutter nun auch über die eigene Sterblichkeit nach?

Ja, das beschäftigt mich schon. Es ist mir wichtig, dass ich gewisse Sachen, die ich besonders gut kann, an andere weitergebe, und dass ich für andere etwas Gutes tun kann, so wie meine Mutter es getan hat.

Stefan Spang, Germanist und Historiker, arbeitete freiberuflich als Journalist und Lektor. Er trägt den Nachnamen seiner Frau

STEFAN SPANG

»Er hat nie zu mir gesagt: Junge, du bist ganz der Richtige«

Herr Spang, Sie haben Ihren Vater vor seinem Tod begleitet. Ist er zu Hause gestorben?

Nein, im Krankenhaus. Er fiel eine Woche vor seinem Tod in eine Art Koma, hatte starke Krämpfe und musste klinisch betreut werden. Die Frage, ob wir ihn nach Hause holen, stellte sich nicht.

Hatte Ihr Vater, bevor er das Bewusstsein verlor, jemals den Wunsch geäußert, zu Hause zu sterben?

Das wurde in der Familie nie besprochen, was vor allem daran lag, dass mein Vater sich weigerte, über seine Krankheit zu reden. Als er die Diagnose bekam, durfte niemand etwas davon erfahren, und er hat uns auch verboten, mit unserer Mutter darüber zu sprechen. Später hat er jedes Gespräch darüber abgeblockt, dass der Tod näher rückt. Als ich während einer Fahrt zum Arzt zu ihm sagte: „Wir müssen darüber reden", antwortete er: „Nein, ich kann das nicht." Er wollte und konnte sich nicht öffnen. Und irgendwann habe ich es einfach respektiert.

Aber Ihnen selbst war es ein Bedürfnis, darüber zu sprechen?

Es wäre mir ein Bedürfnis gewesen.

Warum haben Sie es dann nicht immer wieder geduldig versucht?

Wenn man es ein Leben lang in der Familie eingeübt hat, nicht zu reden, dann ist es nicht leicht, diese Grenze zu überschreiten. Ich habe eine starke Ohnmacht empfunden. Es wäre mir nicht möglich gewesen, da etwas aufzubrechen.

Heinz Otto Kriegel wurde 1922 in Brandenburg/Havel geboren. Als Soldat kämpfte er in Russland und wurde schwer verletzt. Bis zu seiner Pensionierung arbeitete der Professor für Nuklearmedizin in München

An welcher Krankheit litt Ihr Vater?

Er hatte eine komplizierte Art von Krebs, einen Klatskin-Tumor in der Leber. Es mussten ihm Stents eingesetzt werden, das sind kleine Metallgitterschläuche, um die Durchgänge in der Leber frei zu halten. Dadurch kann man den Tod recht lange hinauszögern.

Wie alt war er, als er starb?

Er war gerade achtzig geworden – ein Ziel, das er unbedingt noch erreichen wollte.

Hatte er seinen Tod akzeptiert?

Ich glaube, er wollte ihn nicht wahrhaben. Und eine Zeit lang verlief die Behandlung auch sehr gut. Er musste regelmäßig ins Krankenhaus, um sich einen neuen Stent einsetzen zu lassen. Im Lauf der Monate erholte er sich aber immer schwerer davon, und die Phasen, in denen er nach Hause kam, wurden immer kürzer. Da schlug sein Hausarzt, ein Freund der Familie, vor, die Dinge ihren Lauf nehmen zu lassen, also den Stent nicht mehr zu wechseln. Dann werde irgendwann eine Sepsis eintreten, die schmerzfrei sei, und er könne in Frieden zu Hause sterben.

Aber Ihr Vater wollte das nicht?

Nein, er hatte da seinen festen Willen: Ich will jetzt nicht sterben, ich will mich dem nicht stellen. Bis zuletzt sträubte er sich gegen die Realität des Todes und auch dagegen, die Kontrolle zu verlieren. Zum Beispiel hatte niemand eine Vollmacht für seine Konten, auch meine Mutter nicht. Erst ganz zum Schluss rief er meine Schwester an, sie solle ins Krankenhaus kommen, damit er die Vollmachten unterschreiben könne. Drei Stunden später fiel er ins Koma.

Warum Ihre Schwester und nicht Ihre Mutter?

Meine Mutter war gebrechlich und konnte wenig aktiv beitragen.

Wie viele Geschwister haben Sie?

Ich bin ein Sandwich-Kind zwischen einem älteren Bruder und einer jüngeren Schwester. Mein Vater war sehr stolz auf seinen erstgeborenen Sohn. Er wollte ihn zu seinem Nachfolger machen, ihn formen nach seinem Sinn. Meine kleine Schwester war sozusagen die Freude seiner späteren Tage. Und ich lebte im Windschatten der beiden. Ich hatte sehr früh das Gefühl, ich gehöre nicht in diese Familie.

Die beiden anderen Kinder wurden Ihnen vorgezogen?

Ja, sie waren wichtiger für ihn. Meine ganze Kindheit hindurch empfand ich immer einen Mangel an Aufmerksamkeit und Zuwendung. Das hatte einerseits mit meiner Mutter zu tun, die unter einer Depression litt und nicht so präsent war wie andere Mütter. Und andererseits mit einem Vater, der mir bestenfalls Lateinnachhilfe gab, aber nie mit mir spielte.

Hat er Sie manchmal umarmt?

Nie. Er hat mir mal auf die Schulter geklopft oder mir einen Knuff versetzt.

Hat Ihr Vater Sie geliebt?

In seinem Universum hat er mich wohl geliebt, aber er zeigte es nicht. Und darüber hätte ich vor seinem Tod gern noch mit ihm gesprochen. Ich hätte aus seinem Mund hören wollen, dass er mich liebt, dass ich sein Sohn bin, dass er mich annimmt.

Aber er hat das bis zuletzt nicht getan?

Nein. Biblisch gesprochen: Er hat mich nicht gesegnet.

Wie war das in den Tagen und Wochen vor seinem Tod. Wie haben Sie ihn begleitet?
Ich habe ihn jeden Tag im Krankenhaus besucht. Dann konnte er plötzlich niemanden mehr erkennen. Es war erschreckend für mich, ihn in diesem Zustand zu sehen. Er litt unter furchtbaren Krämpfen, in seinem Körper herrschte ein unglaublicher Aufruhr. Er schrie, ein Strom sinnloser Worte und Laute kam aus seinem Mund. Alle Synapsen in seinem Gehirn waren fehlgeschaltet. Von einem Tag auf den anderen war er als Mensch vollkommen ausgelöscht. Da wurde uns klar, dass es aus diesem Zustand keine Rückkehr mehr gab, und wir haben uns hingesetzt und gewartet.

Ihre Schwester und Sie?
Ja, wir hielten abwechselnd Wache, jeden Tag von morgens bis Mitternacht. Es dauerte noch etwa eine Woche, bis er starb.

Was haben Sie getan, während Sie an seinem Bett saßen?
Ich habe seine Hand gehalten und versucht, ihn zu beruhigen, habe mit ihm gesprochen, weil ich hoffte, dass meine Stimme zu ihm durchdringen könnte.

Was haben Sie ihm gesagt?
Ganz banale Dinge: Wie geht es dir? Hast du Schmerzen?

Wäre das nicht eine Gelegenheit gewesen, ihm noch bestimmte Dinge zu sagen?
Ja, aber ich konnte nicht sprechen.

Sie konnten nicht sprechen, so wie Ihr Vater?
Ja, wie der Vater. Zu diesem Zeitpunkt wusste ich noch nicht, was ich von ihm gern gehört oder ihm gern noch gesagt hätte. Erst nach seinem Tod wurde mir bewusst, welchen Verlust es für mich bedeutete und welcher Mangel es war, dass ich es nicht mehr geschafft hatte, mit ihm zu reden, zu hören, dass er mich liebt. Auch bei der Trauerfeier konnte ich nicht sprechen, obwohl ich das Gefühl hatte, etwas über meinen Vater sagen zu müssen. Aber ich wusste nicht, was. Erst in der Nacht danach fiel mir ein Bild für ihn ein, das vermutlich sein ganzes Leben geprägt hatte.

Welches Bild war das?
Mein Vater nahm als Sturmpionier am Russlandfeldzug teil. Beim Vormarsch auf Stalingrad wurde er von Granatsplittern getroffen und schwer verletzt. Dieses Bild hatte ich nun im Kopf. Ich malte mir aus, wie er dalag in einer dunklen, kalten Nacht, gerade 18, 19 Jahre alt, dem Tode nah und ganz allein. Ich stellte mir vor, welche Kraft es ihn gekostet haben muss, dies zu überleben. In diesem Bild, das ich von ihm hatte, ist er dann aufgestanden und gelaufen. Sein Leben lang ist er gelaufen, immer drei Schritte vor seiner Familie weg.

Und das ohne zurückzuschauen?
Ja, alles, was er dann tat, war nur nach vorn gerichtet: studieren, eine Familie gründen, sie beschützen und verhindern, dass eine Granate einschlägt. Das war die Ebene, auf der er seine Liebe zum Ausdruck brachte: Ich kann nichts dazu sagen, aber ich bin immer da. So verhielt er sich auch, als meine Exfrau und ich unser erstes Kind durch den plötzlichen Kindstod verloren. Er sagte nicht: Das ist ja furchtbar, das tut mir leid. Aber er kam von da an jeden Tag, um unseren Garten zu pflegen.

»Im Jugendalter verachtete ich ihn für sein Statusdenken. Er war kein Vorbild für mich«

Das war ein Ausdruck seiner Liebe?
So habe ich es wahrgenommen. Aber die fehlende Kommunikation habe ich als Mangel empfunden.

Und Sie waren nicht in der Lage, vor seinem Tod zu erkennen, dass Ihnen da noch etwas Wichtiges fehlte, und das auch von ihm einzufordern?
Nein, dieser Gedanke kam mir gar nicht.

Sie hatten zuvor nie die Idee gehabt, dass man den Eltern helfen muss, ihren Panzer zu öffnen?
Ich habe das nicht als meine Aufgabe angesehen. Im Gegenteil, ich dachte eher, mein Vater müsse etwas für mich tun. Ich bin doch das Kind.

Sie fühlten sich mit 47 immer noch als das Kind?
Ich wollte von meinem Vater als Kind gesegnet werden, nicht als 47-jähriger Erwachsener. Denn was ich da mit mir herumtrug, war immer noch, dass er in all diesen Jahren nie zu mir gesagt hatte: „Junge, du bist ganz der Richtige!“

Wie war das Verhältnis zwischen Ihrem Vater und Ihrem älteren Bruder? Wo war er, als Ihr Vater starb?
Wie gesagt, wollte mein Vater ihn als seinen Kronprinzen aufbauen. Er sollte ebenso Mediziner werden. Doch irgendwann hat sich mein Bruder dagegen aufgelehnt und Physik studiert. Später ist er weit fortgezogen.

Er war nicht bei Ihnen am Totenbett?
Er kam erst zur Trauerfeier nach München.

Haben Sie sich in ähnlicher Weise gegen Ihren Vater aufgelehnt wie Ihr Bruder?
Ich musste mich nicht wirklich auflehnen, da ich ja im Windschatten meiner Geschwister aufwuchs. Und im Jugendalter, in dem man normalerweise rebelliert, verachtete ich ihn für sein Statusdenken. Er war Pro-

Heinz Otto Kriegel kümmerte sich jeden Tag um den Garten seines Sohnes, als dieser um sein erstes Kind trauerte

fessor – Strahlenbiologe und Mediziner. Seine berufliche Position, sein Mercedes, seine finanzielle Sicherheit, all das bedeutete ihm viel. Er genoss es, dass die Industrie ihm Beraterverträge anbot und dass ihn Unternehmer, Professoren und Minister wichtig nahmen. Er war ein Patriarch, ein Chauvi, der sich von meiner Mutter den Kaffee bringen ließ. Und ich war überzeugt davon, dass er schuld war an der psychischen Erkrankung meiner Mutter. Er war kein Mensch, von dem ich mir irgendetwas erwartet hätte. Und er war auch kein Vorbild für mich. Alles, was mich im Leben prägt, habe ich mir von außen geholt und nicht von meinem Vater.

Es gab eine große Distanz zwischen Ihnen?

In der Jugend, ja. Ich wollte früh fort von zu Hause. Als ich aufs Internat kam, empfand ich das als eine große Befreiung von einer Familie, die keine echte Familie war. Beim Begräbnis meines Vaters hatte ich das Gefühl, ich würde endgültig aus dieser Familie austreten. Erst später verstand ich, dass mein Vater auf seine Art diese Familie immer zusammengehalten hat und dass dieser Zusammenhalt durch seinen Tod nun verloren gegangen war. Meine Mutter war dazu wegen ihrer Krankheit nicht in der Lage. Sie starb ein Jahr nach meinem Vater.

Wie lange war sie schon krank gewesen?

Wahrscheinlich litt sie an ihrer Depression schon, als ich noch ein kleines Kind war. Durch ihre Krankheit wurde die Familie gesprengt. Meine Mutter war auch tablettensüchtig und später alkoholkrank. Trotzdem gelang es meinem Vater, den Kindern ihre Mutter zu erhalten. Er stand zu ihr bis zum Ende, was sicher eine große Leistung war.

Haben die beiden vor dem Tod Ihres Vaters darüber gesprochen, dass da eine tödliche Gefahr drohte?

Es gab eine Szene am Frühstückstisch. Einem sehr großen Tisch, an dem sie sich in ziemlicher Entfernung gegenübersaßen. Mein Vater sagte: „Was machst du mit dem Auto?" Und sie antwortete: „Weiß nicht." Das war wahrscheinlich ihr einziges Gespräch übers Sterben.

Waren Sie dabei, als Ihr Vater starb?

Am letzten Abend war ich noch bei ihm. Er wurde ruhiger, die krampfenden Bewegungen hatten nachgelassen. Um zehn bin ich gegangen, und um elf kam der Anruf, dass er gestorben ist.

Er starb allein?

Ja. Meine Schwester und ich trafen uns dann in der Klinik. Wir haben ihm eine Blume in die Hand gedrückt. Das war sehr schön. Wir empfanden eine große Erleichterung, dass er von seinen Leiden erlöst war.

Ein Jahr bevor Ihr Vater starb, sind Sie selbst an Krebs erkrankt.

An Mandelkrebs, ja.

Hat Ihr Vater Sie in dieser Zeit begleitet?

Er nutzte sofort seine Verbindungen zu seinen ehemaligen Kollegen und hat seinen Ruf und seinen Namen dafür eingesetzt, dass ich die beste Behandlung bekam. Es war schwer für mich damals. Meine Ehe war gescheitert, ich hatte berufliche und finanzielle Probleme, fühlte mich sehr allein. Aber mein Vater war plötzlich für mich da, hat sich um mich gekümmert und mich auch finanziell unterstützt. Da fand ich ihn sehr rührend und fürsorglich.

Hat Ihre Krebserkrankung damals Ihr Verhältnis zum Tod verändert?

Ich habe natürlich über meinen möglichen Tod nachgedacht. Mein grundlegender Gedanke aber war, dass das einfach nicht sein darf, dass ich daran sterbe. Und auch, dass es nicht sein darf, dass ich vor meinen Eltern sterbe. Nachdem ich selbst erlebt hatte, wie es ist, ein Kind zu verlieren, wollte ich ihnen das nicht antun.

Haben Sie damals mit jemandem über den Tod gesprochen?

Nein, denn ich war mir sicher, dass ich nicht sterbe.

Vielleicht kennen Sie das Buch „Mars" von Fritz Zorn, der darin seinen Eltern vorwirft, schuld an seinem Krebs zu sein. Glauben Sie, dass es auch einen Zusammenhang zwischen Ihrem

Vater und Ihrer Krebserkrankung geben könnte?

Nein. Fritz Zorn war ein sehr unglücklicher Mensch. Dieses Unglück machte er für seinen Krebs verantwortlich – und seine Eltern für sein Unglück. Ich dagegen war zumindest später, bis zu meiner zweiten Krebserkrankung, ein sehr glücklicher Mensch. Was den Mandelkrebs anging, galt ich als geheilt. Ich hatte meine jetzige Frau kennengelernt, wir hatten ein Haus gekauft, die Jahre mit ihr waren die schönsten in meinem Leben. Und dann traf mich die Diagnose Lungenkrebs wie ein Blitz aus heiterem Himmel.

Das war im letzten Jahr und ein paar Jahre nach dem Tod Ihres Vaters. Wie sind Sie mit diesem erneuten Schicksalsschlag umgegangen?

Ich wollte es nicht akzeptieren. Im Krankenhaus machte man mir klar, dass die Krebserkrankung so fortgeschritten war, dass keine Operation mehr geplant sei. Aber dann schlug die Chemotherapie sehr gut an, und ich dachte mir: Nein, ich gehe hier nicht mit einem Tumor raus. Mein Hausarzt hat mich darin unterstützt, auf einer Operation zu bestehen, obwohl die Onkologen skeptisch waren. Aber es war die einzige, wenn auch kleine Chance, noch mal davonzukommen. Mir wurde dann ein Lungenflügel herausgenommen.

»Als er im Koma lag, war ich nicht fähig, ihm etwas zu sagen. Zum Beispiel, dass ich ihn liebe«

Letzte Woche hatte ich eine Nachuntersuchung. Es wurde nichts gefunden.

Wie Ihr Vater, so wollten also auch Sie sich nicht in Ihr Schicksal fügen?

Ja, auch er hat bis zuletzt dagegen angekämpft. Er wollte nicht aufgeben und so lange wie möglich am Leben bleiben. Sogar in den letzten Tagen noch, als er nicht mehr bei Bewusstsein und sein Gehirn geschädigt war, kämpfte er bis in die letzte Faser seines Körpers gegen den Tod an.

Haben Sie für sich irgendwann Ihren Frieden mit dem Vater gemacht?

Bereits vor seinem Tod dachte ich, dass ich mich mit ihm versöhnt hätte. Wir verbrachten einen gemeinsamen Urlaub auf Rügen. Es war eine schöne Zeit, in der wir uns sehr nahekamen.

Es war eine Gelegenheit, endlich bestimmte Dinge anzusprechen?

Ja, die wäre es ganz sicher gewesen.

Aber Sie haben sie nicht angesprochen?

Vermutlich weil es Vorwürfe geworden wären, ich ihm aber keine Vorwürfe machen wollte. Damals hatte ich das Gefühl, ihn verstanden zu haben. Er war Teil seiner Generation, und er hatte sich auf seine Weise wirklich Mühe gegeben, hatte getan, was ihm möglich war. Deshalb gab es für mich nichts mehr zu klären.

Doch das war ein Irrtum?

Ja, aber das erkannte ich erst nach seinem Tod, als es zu spät war. Als er im Koma lag und ich an seinem Bett saß und seine Hand hielt, hatte ich nicht das Gefühl, über diese Berührung hinaus Kontakt zu ihm zu haben. Und ich war nicht fähig, ihm etwas zu sagen. Zum Beispiel, dass ich ihn liebe.

Haben Sie sich hinterher die Frage gestellt, warum Sie nicht dazu fähig waren?

Nein. Ich fühlte mich vielleicht immer noch als Kind. Ich hatte keine Möglichkeit gefunden, aus dieser Kindrolle herauszutreten. Ich fiel nach seinem Tod in eine wochenlange Traurigkeit.

Was hat Sie so traurig gemacht?

Ich hätte ihn als Vater noch gebraucht. Ich hätte noch Kind sein wollen, ich wollte nicht auf ihn verzichten. Er hatte mir ja in seinem letzten Jahr, während meiner ersten Krebserkrankung, sehr viel Halt gegeben. Nun wusste ich nicht, wie ich es allein schaffen sollte. Es war eine bodenlose Traurigkeit.

Warum wären Sie gern Kind geblieben?

Da war immer das Gefühl, ich sollte noch etwas bekommen von ihm. Eine Anerkennung, eine Bestätigung. Aber es kam bis zuletzt nicht. Und deshalb blieb ich bis zuletzt in der Rolle des wartenden Kindes, das etwas haben wollte, aber nichts geben konnte.

Was war es, das Sie nicht geben konnten?

Unser Gesprächsthema ist ja die Begleitung beim Sterben. Aber diese Begleitung ist mir nicht so gelungen, wie ich es mir gewünscht hätte. Natürlich war ich damals in einer schwierigen Lebenssituation. Aber das ist trotzdem die Frage, die sich an mich richtet: Sollte ich denn da überhaupt etwas bekommen? Hätte es mir nicht gelingen müssen, eine andere Beziehung zu meinem Vater aufzubauen? Das ist mir nicht gelungen. Und der Tod steht unverrückbar. Du hast keine zweite Chance. □

Stefan Spang ist im Januar 2009 an den Folgen einer Krebserkrankung gestorben.

Herlinde Koelbl, 69, ist Fotografin und Dokumentarfilmerin. Berühmt ist ihr Werk „Spuren der Macht“, eine Sammlung von Fotos und Gesprächen mit Politikern und Wirtschaftsführern, zu der es auch einen Film gibt. Koelbl hat zahlreiche Preise erhalten, unter anderem die Goldene Kamera.

Mutter und deren Mutter. Sei es, dass sowohl den Kindern als auch den Enkeln bei Problemen mit einem Lehrer unterstellt wird, sie könnten sich nicht anpassen. Sei es, dass ein verurteilter Gewalttäter Onkel und Brüder hat, die ebenfalls im Gefängnis sitzen.

Manche solcher generationsübergreifenden Verhaltensweisen haben Forscher genauer untersucht. Dabei hat sich zum Beispiel herausgestellt, dass Menschen, die sich scheiden lassen, überproportional häufig Väter und Mütter haben, die ebenfalls auseinandergingen. Solche Erkenntnisse mögen trivial erscheinen, doch hätte man auch annehmen können, dass Scheidungskinder aufgrund ihrer Erfahrung viel stärker an Beziehungen festhalten.

Dem Einzelnen fallen Parallelen zwischen dem Leben der Eltern und dem eigenen oftmals nicht auf. Studien zeigen, dass Menschen dazu neigen, sich einen Partner zu suchen, mit dem sich die aus der Familie vertrauten Muster zunächst fortsetzen lassen. Selbst wenn das im Extremfall dazu führt, dass ein Mann seine Frau misshandelt, wie schon sein Vater und sein Großvater. Oder dass sich eine Frau von untreuen Partnern das Herz brechen lässt, ganz ähnlich wie ihre Mutter und Großmutter, die ebenfalls von ihren Ehemännern verlassen wurden.

ALS SIE mit 20 Jahren ihren Jugendfreund heiratet, entgegnet Beate Moll Skeptikern: „Das ist bei uns eben so.“ Auch ihre Mutter habe sich jung mit einem Mann vermählt, den sie bereits als Kind kannte.

„Familien arbeiten Generationen lang an ihren Drehbüchern“, schreibt Eia Asen. „Manche davon sind so erfolgreich, dass sie immer wieder nachgespielt werden.“ Jeder Familientherapeut kennt solche Fallgeschichten.

Welcher Mechanismus hinter solchen Verhaltensweisen steckt, ist bis heute Gegenstand erbitterter wissenschaftlicher Debatten.

Vor allem die Erziehung forme eine Person und deren Verhalten, hieß es lange Zeit. Demnach sei jemand vor allem deshalb gesellig und fröhlich, weil seine Eltern ihn gesellig und fröhlich aufgezogen haben. Er sei homosexuell, weil der Vater unnahbar gewesen ist; autistisch, weil er eine kalte Mutter hat.

Neuere Studien aber zeigen: Viel von dem, was ein Mensch denkt, tut und sogar fühlt, ist auch genetisch beeinflusst. Etwa die Hälfte der Persönlichkeits- und Intelligenzunterschiede, so nimmt heute die Mehrzahl der Forscher an, werden von der Vererbung bestimmt.

Natur und Umwelt ergänzen und vermengen sich. Welche der vererbten Anlagen sich schließlich ausprägen, hängt eng mit den Lebensbedingungen zusammen.

Beispielhaft erweist sich das an der Bindungsfähigkeit: Biologisch spielt dafür das oft als „Kuschelhormon“ bezeichnete Oxytocin eine wichtige Rolle.

Forscher der University of Wisconsin stellten fest, dass bei Kindern, die bei ihren leiblichen Eltern aufwuchsen, der Oxytocin-Level anstieg, wann immer sie auf dem Schoß ihrer Mutter saßen – dadurch verstärkt sich die Bindung, das gegenseitige Vertrauen.

Bei Waisenkindern aber, die auf dem Schoß ihrer Adoptivmutter saßen, fiel der Anstieg deutlich geringer aus, obwohl sie seit mehr als zwei Jahren in ihrer Adoptivfamilie lebten.

Die Unfähigkeit zu lieben, glauben manche Forscher, kann über Generationen weitergegeben werden

Der Oxytocin-Haushalt, so vermuten andere Wissenschaftler, bleibt womöglich auch in den Folgejahren geschwächt. So könnte die Unfähigkeit zu lieben über Generationen weitergegeben werden.

Wie sich genetischer Einfluss und Umwelteinfluss überlagern, zeigt eine neuseeländische Langzeitstudie, für die seit mehr als 30 Jahren die Entwicklung von 1000 Männern und Frauen der Jahrgänge 1972 und 1973 beobachtet wird: Jungs, die in ihrer Kindheit misshandelt worden waren, hatten später vor allem dann eine höhere Gewaltbereitschaft, wenn sie eine bestimmte genetische Veranlagung aufwiesen. Ganz ähnlich war es bei der Entstehung von Depressionen.

DENNOCH IST niemand ein Gefangener seiner Kindheit, hilflos dem Zusammenspiel von Genen und Umwelt ausgeliefert, betonen Experten. „Spätestens als Erwachsene können wir darüber mitbestimmen, welche unserer Anlagen sich durchsetzen“, sagt die Oberärztin Susanne Altmeyer von der Röher Parkklinik. „Etwa indem wir uns dafür entscheiden, in welcher Umwelt wir leben.“

Auch das sei ein Ziel der Psychotherapie: den Patienten zu vermitteln, dass sie sich vor Milieus schützen müssen, die ihnen nicht gut tun.

Die moderne Entwicklungspsychologie geht davon aus, dass schon Kinder ihre Umwelt mitgestalten. „Von der Zeugung an spielt der Mensch eine aktive Rolle in seiner Entwicklung“, sagt der Berliner Entwicklungspsychologe Jens Asendorpf.

So bringt ein Kind, das gern im Mittelpunkt steht, seine Eltern oft schon früh dazu, ihm viel Aufmerksamkeit zu schenken – etwa indem es häufig schreit. Ein sportliches Kind wird seine Mutter dazu anhalten, ihm einen Ball zu kaufen; ein musisch interessiertes, ihm Flötenstunden zu bezahlen.

Weder die Gene noch die Sozialisierung „diktieren“ demnach, welcher Mensch wir werden und welches Leben wir führen – sie erhöhen nur die Wahrscheinlichkeit für Verhaltensweisen.

Erst jüngst haben Psychologen erkannt, dass für Jugendliche der Einfluss gleichaltriger Freunde auf die Erwartung an eine eigene Partnerschaft größer ist als die Prägung durch das Zusammenleben der Eltern. „Es ist ein Stufenprozess", sagt Asendorpf, „der Einfluss der Eltern verliert sich nach und nach."

Der Clan des Kunstprofessors Thomas Bernstein (»The Bernstein Family, Mündersbach 1990«)

Auch andere Familieneinflüsse verblassen mit der Zeit. Gut beobachten lässt sich das, wenn Ehepaare streiten. Frisch Verheiratete nutzten oft noch Konfliktlösungsstrategien, die sie im Elternhaus beobachtet haben, so der Soziologe Irving Tallman von der Washington State University, der Hunderte Paare beim Besprechen heikler Themen gefilmt hat.

Doch bereits nach dem ersten Ehejahr gäben die Frauen und Männer oft alte Strategien auf und fänden ihren eigenen Weg, Konflikte beizulegen. „Die Partner mögen mit misstrauischen oder vertrauensvollen Neigungen in die Ehe kommen, aber dies kann sich in beide Richtungen ändern", erklärt Tallman. „Was in der Ehe abläuft, ist dann langfristig oft wichtiger als frühere Familieneinflüsse."

Möglicherweise, so spekuliert die Psychologin Judith Rich Harris in ihrem Buch „Ist Erziehung sinnlos?", legten Kinder die Verhaltensweisen, die sie im Elternhaus lernten, später ab „wie den albernen Pullover, den ihre Mutter sie zwang anzuziehen".

Ein Mythos ist es wohl, dass erwachsene Kinder ihren Eltern mit dem Alter ähnlich werden. Dass uns dies so vorkommt, sagt der Verhaltensgenetiker Robert Plomin vom Kings College London, scheint vor allem daran zu liegen, dass es einfacher wird, ihre und unsere Lebensweise miteinander zu vergleichen.

Nebensächlich wird die Familie dadurch nicht. Sie bleibt die Bühne, auf der wir mit den großen Lebensthemen – allen voran Tod und Liebe – konfrontiert werden. Und oft kostet es lebenslange Mühe, die während der Kindheit gespeicherten Verhaltensmodelle zu ändern, denn mitunter drohen Rückfälle – etwa wenn man an Weihnachten wieder das Elternhaus betritt.

Doch mehr als jedes andere Wesen besitzt der Mensch die Fähigkeit, Realitäten neu zu interpretieren.

IM DACHZIMMER der Parkklinik haben die Patienten dem Therapeuten inzwischen erzählt, wie sie sich in ihren Rollen fühlen.

Die Darstellerin der Mutter sagt, sie sehe sich sehr am Rande, es gefalle ihr gar nicht, dass die Schwiegermutter aus erster Ehe von Beate Moll viel näher bei ihrer Tochter stehe.

Tatsächlich hatte Beate Moll ihre „Mutter" in weitem Abstand hinter ihrem Rücken aufgebaut, um auszudrücken, wie emotional fern sie sich ihr fühlt.

Nun holt der Therapeut die „Mutter" in den engeren Kreis und fragt sie, wie es ihr jetzt gehe. „Schon besser", antwortet die Patientin.

Dann wendet er sich an Beate Moll: „Dreh dich doch einmal um und fass die Mutter an", schlägt er vor. Unsicher geht Beate Moll zu ihr, ergreift ihre Hände. Dann sagt sie einen versöhnlichen Satz, den die Gruppe zuvor für sie erarbeitet hatte: „Liebe Mutter, ich bin jetzt für dich da."

Beim ersten Mal sagt sie es zögerlich, ein bisschen erstaunt. Beim zweiten und dritten schon flüssiger.

Es klingt wie ein Anfang. □

Die Wissenschaftsjournalistin **Ute Eberle**, 37, lebt und arbeitet im niederländischen Leiden. Der Fotokünstler **Thomas Struth**, 54, hat seine in sieben Ländern fotografierten Porträts in dem Bildband „Familienleben" (Schirmer/Mosel 2008) veröffentlicht.

MEHR ZUM THEMA:

Eia Asen: **So gelingt Familie. Hilfen für den alltäglichen Wahnsinn.** Carl-Auer-Systeme 2008, 196 Seiten

Peter Kaiser: **Mehrgenerationenfamilie und neuropsychische Schemata.** Hogrefe 2008, 228 Seiten

ALTERNSFORSCHUNG

DER TRAUM VOM EWIGEN SEIN

In vielen Ländern der Welt leben Frauen und Männer länger als je zuvor. Doch manchen Menschen genügt das nicht. Und so versuchen Forscher, den Alterungsprozess aufzuhalten. Manche sind davon überzeugt, dass sich die Lebensspanne künftig deutlich verlängern lässt

VON MARTIN PAETSCH (TEXT) UND BERTO MARTÍNEZ (ILLUSTRATIONEN)

Verhüllt von einem weichen Stoffsack, ruht Dr. James Bedford seit rund 40 Jahren in Metallbehältern. Zunächst lag er in einer hell gestrichenen Kapsel, kaum größer als sein Körper, die in einem Kühlraum im US-Bundesstaat Arizona abgestellt war.

Dann kam der frühere Psychologieprofessor nach Kalifornien, wo er mehrere Jahre in einem Stahlzylinder verbrachte.

Im Jahr 1994 gelangte Bedford zurück nach Arizona: Dort, in einem nüchternen Gebäude in Scottsdale, ruht er noch heute in einem drei Meter hohen Container mit drei weiteren „Patienten" der Firma Alcor. In dem glänzenden Isoliergefäß ist er umgeben von flüssigem Stickstoff, der seine Körpertemperatur konstant auf minus 196 Grad Celsius hält.

Dr. Bedford ist seit 1967 tot. Als er unheilbar an Nierenkrebs

Hoffnung über den Tod hinaus: Bei der US-Firma Alcor kann man seinen Leichnam bei minus 196 Grad Celsius einfrieren lassen. Um vielleicht eines Tages wiederbelebt zu werden

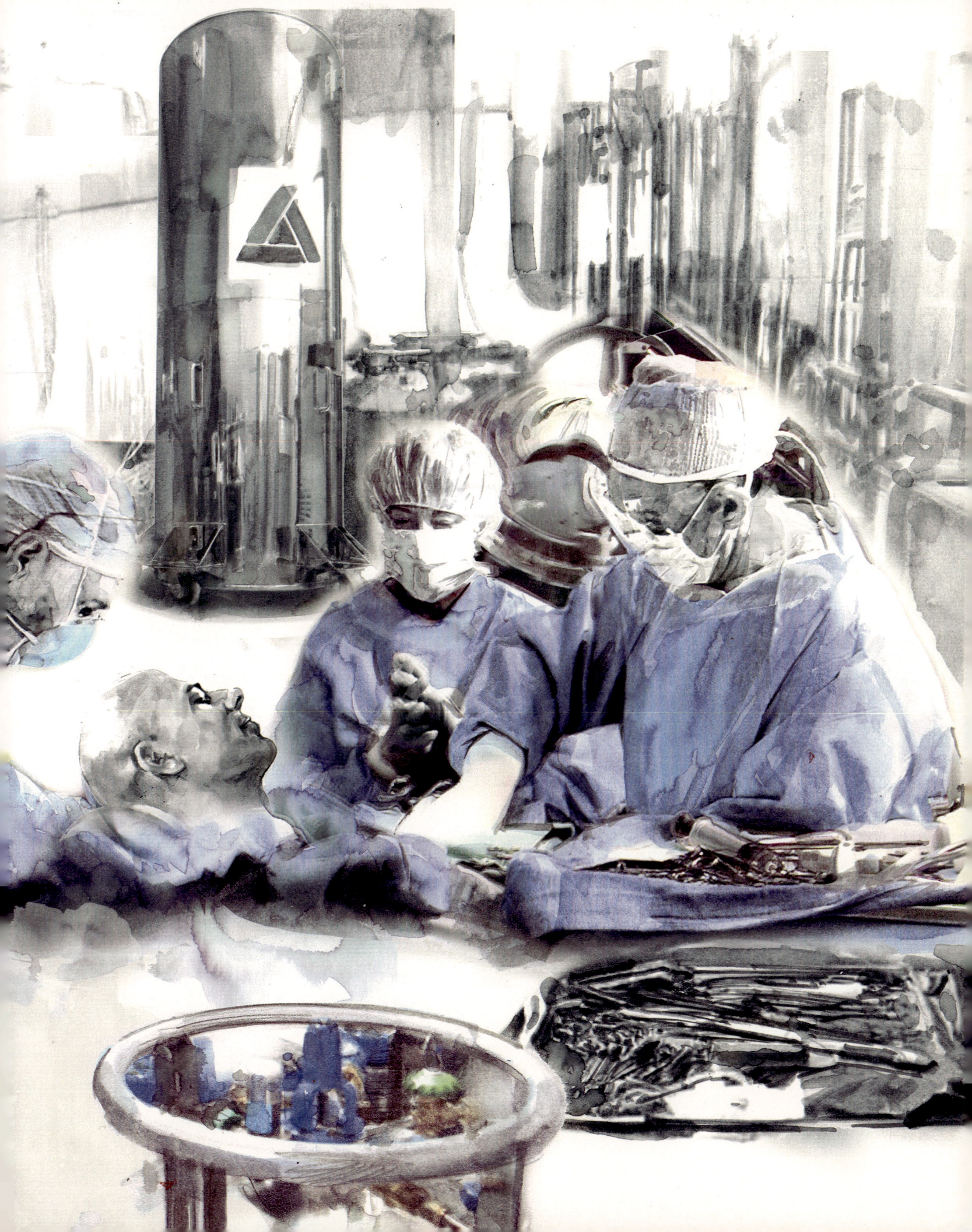

erkrankte, beschloss er, sich nach seinem Tod tiefkühlen zu lassen – in der Hoffnung, in ferner Zukunft wiederbelebt zu werden.

Kurz nachdem am 12. Januar 1967 Bedfords Herzschlag ausgesetzt hatte, kühlten Ärzte in einer stundenlangen Prozedur den Körper des 73-Jährigen herab und spritzten ihm Gefrierschutzmittel ins Blut, um Gewebeschäden zu verhindern.

Die Natur selbst beweist, dass es möglich ist, extrem langsam zu altern: Schildkröten können fast 200 Jahre leben

Ob Bedford, einer der ersten durchgehend kryokonservierten Menschen (griech. *krýos* = Kälte), jemals wiederbelebt werden kann, ist unwahrscheinlich. Dennoch sind ihm seither rund 200 Menschen in die Kälteverwahrung gefolgt, im Glauben, das eigene Leben über das normale menschliche Maß hinaus ausdehnen zu können.

WAS ZU BEDFORDS Zeiten wie Science-Fiction wirkte, erscheint heute nicht mehr ganz so abwegig. Mittlerweile suchen angesehene Wissenschaftler aus aller Welt nach Möglichkeiten, den Tod zu besiegen.

Der Traum vom ewigen Leben ist so alt wie die Menschheit. Schon im 3. Jahrtausend vor Christus ließen ägyptische Pharaonen ihren Körper nach dem Tod präparieren, um im Jenseits weiterzuleben. Heute ist es vor allem die Suche nach dem Quell ewiger Jugend, die zu einer breiten Bewegung geworden ist, angefeuert von der Anti-Aging-Industrie. Um den jugendlichen Schein ihrer Kunden zu wahren, bietet diese längst nicht mehr nur kosmetische Behandlungen an, sondern auch tiefer greifende Therapien wie etwa Hormonkuren, die Alterungsprozesse im Körper verlangsamen sollen. Ob diese tatsächlich helfen, den Verfall zu bremsen und das Leben zu verlängern, ist höchst zweifelhaft – und welche Nebenwirkungen sie haben, kaum untersucht.

Die Lebenserwartung hat dank des medizinischen Fortschritts ohnehin rasant zugenommen. In den Industrienationen leben die Menschen heute im Schnitt 25 Jahre länger als noch vor einem Jahrhundert. Und immer größer wird die Zahl jener, die ein Alter von 100 oder mehr Jahren erreichen.

Doch auch wenn eine gute Ernährung, eine gesunde Lebensweise und beste medizinische Versorgung gewährleistet sind: Der Verfall des Körpers lässt sich bislang bestenfalls hinauszögern, nicht aber aufhalten.

Die Natur selbst beweist, dass es durchaus möglich ist, extrem langsam zu altern. So sterben Schildkröten zwar an Krankheiten und Verletzungen, offenbar aber nicht an jenen körperlichen Verfallserscheinungen, die beim Menschen nach einigen Jahrzehnten einzusetzen beginnen; berichtet wird von Exemplaren, die bis zu 188 Jahre alt wurden.

Andere Tiere haben den Tod ganz überlistet: Droht die Qualle der Art *Turritopsis nutricula* zu verhungern oder erleidet sie Verletzungen, verwandelt sie sich zurück in das Polypenstadium – und beginnt einen neuen Lebenszyklus. Wird sie nicht von einem ihrer Feinde gefressen, kann sie auf diese Weise praktisch endlos weiterexistieren.

Selbst das Leben von Kreaturen, die diese Form der Erneuerung nicht beherrschen, lässt sich künstlich verlängern – das haben Forscher am Fadenwurm *Caenorhabditis elegans* demonstriert. Indem sie das Erbgut des Winzlings manipulierten und ihn auf Diät setzten, konnten sie dessen Lebensspanne auf fast das Achtfache verlängern.

EIN ÄHNLICHES Kunststück schwebt auch Aubrey de Grey vor – beim Menschen. Der britische Bioinformatiker und Gerontologe möchte das Altern am liebsten endlos herauszögern. Seine provokante Behauptung: Schon bald könnten Menschen 1000 Jahre alt werden. Das mag vermessen klingen, aber über die Thesen de Greys wird in angesehenen Wissenschaftsjournalen ernsthaft diskutiert.

Als gelernter Computeringenieur geht de Grey das Altern an wie ein technisches Problem. Er will nicht grundsätzlich das Rätsel des Lebens lösen, sondern dem Verfall des Körpers durch regelmäßige Wartungsarbeiten vorbeugen. Seiner Vision zufolge muss der Mensch, will er den Tod besiegen, etwa alle zehn Jahre zu einer Art Generalüberholung. Dabei wird dann zum Beispiel schadhaftes Gewebe mit frischen, im Labor hergestellten Zellen ausgebessert.

De Grey zufolge gibt es sieben Mechanismen, die für den Verschleiß der Körpergewebe verantwortlich sind – und die gelte es zu bekämpfen. Inzwischen hat er für jedes der „sieben tödlichen Dinge", wie er sie nennt, Gegenmaßnahmen skizziert (siehe Kasten Seite 118). Gemeinsam angewendet, sollen die Verfahren ein Ableben durch die bekannten Alterserscheinungen ähnlich unwahrscheinlich machen, wie es

Der US-Mediziner Richard Weindruch hat nachgewiesen, dass Rhesusaffen bei einer dauerhaften Hungerkur gesünder und länger leben als normal ernährte Artgenossen

inzwischen in Industrieländern der Tod etwa durch eine bakterielle Infektion geworden ist.

Doch viele der von de Grey vorgeschlagenen Therapien sind bislang allenfalls im Ansatz erprobt. Um die wissenschaftliche Arbeit voranzutreiben, hat die von ihm mitbegründete Methuselah-Stiftung einen Preis für Langlebigkeit ausgeschrieben. Vorerst geht es dabei allerdings nur um Labormäuse. Eine erfolgreiche Verjüngung von Menschen ist, so die Erwartung de Greys, frühestens in drei bis vier Jahrzehnten möglich.

Andere Wissenschaftler hoffen deshalb auf eine simplere Lösung. Schon ein einzelner genetischer Schalter, so glauben sie, vermag das Leben möglicherweise deutlich zu verlängern.

In welchem Maß das Erbgut die Lebenserwartung beeinflusst, zeigen Studien an Zwillingen: Oft erreichen beide ein ähnlich hohes oder niedriges Alter. Solchen Untersuchungen zufolge wird die Lebensspanne zu etwa 25 Prozent von genetischen Faktoren bestimmt.

Welche Erbmerkmale das sind und wie sie genau wirken, ist nicht einfach zu ermitteln. Wissenschaftler haben bereits Dutzende von Genen identifiziert, die im Tierversuch einen Einfluss auf die Lebenserwartung haben.

Eines davon fiel Forschern an einem Lebewesen auf, das auf den ersten Blick wenig mit dem Menschen gemein hat: der Bier- oder Backhefe. Wie ein Team um den US-Molekularbiologen Leonard Guarente herausfand, hing deren Lebensspanne von einem Gen namens SIR2 ab. Wurde dieses Merkmal aus dem Erbgut entfernt, starben die Organismen vorzeitig. Fügten die Forscher dagegen eine zweite Genkopie ein, lebten die Hefezellen länger.

Wie sich herausstellte, gehört SIR2 zu einem wahrscheinlich uralten Überlebensprogramm, das im Erbgut vieler Spezies verankert ist. Es entstand vermutlich vor über einer Milliarde Jahren in Mikroorganismen, um sie vor harschen Lebensbedingungen zu schützen.

In weiteren Versuchen konnten Guarente und seine Kollegen demonstrieren, wie ein mit SIR2 vergleichbares Gen im Fadenwurm dessen Lebensspanne regelt. Säugetiere verfügen ebenfalls über ein ähnliches Erbmerkmal, genannt SIRT1. Doch ob eine Manipulation dieses Gens auch das Leben höherer Säugetiere verlängern kann, ist bislang ungeklärt.

Der australische Biologe David Sinclair, ein ehemaliger Mit-

DIE »SIEBEN TÖDLICHEN DINGE«

Der Bioinformatiker Aubrey de Grey will das Altern stoppen – indem er mit abenteuerlichen Verfahren in sieben Abläufe im Körper eingreift

1. Mit dem Alter schwinden viele Zellen: Muskeln schrumpfen; im Herz dehnen sich die verbleibenden Zellen aus, und es kommt zu einer gefährlichen Verdickung der Herzwände; im Gehirn können sich in den entstehenden Zwischenräumen schädliche Ablagerungen ansammeln. De Grey plant, entweder die Zellproduktion durch die Injektion spezieller Proteine, sogenannter Wachstumsfaktoren, anzuregen oder dem Körper regelmäßig frische Zellen einimpfen zu lassen.

2. Mutationen, also Veränderungen des Erbgutes, häufen sich im Alter. Damit steigt das Risiko, an Zellwucherungen wie Krebs zu erkranken. De Greys Vision: bestimmte Gene ausschalten, die im Körper die Vermehrung von Zellen ermöglichen. Ohne diese Gene können Krebszellen sich nicht unbegrenzt vermehren. Dafür müssten dem Patienten etwa alle zehn Jahre im Labor hergestellte und noch vermehrungsfähige Stammzellen zugeführt werden.

3. Die Mitochondrien – Organellen, die die Körperzellen mit Energie versorgen – besitzen eine eigene DNS, die besonders anfällig für Mutationen ist. Das kann bei vielen Krankheiten eine Rolle spielen, darunter Alzheimer, Parkinson und Herzversagen. De Grey schlägt vor, Ersatzkopien der gefährdeten Mitochondrien-Gene in die Zellen einzuschleusen, damit Mutationen folgenlos bleiben.

4. Schädliche Zelltypen sammeln sich an: Fettzellen können Diabetes verursachen, alternde und funktionslos gewordene Zellen das Nachbargewebe schädigen oder das Immunsystem schwächen. De Grey setzt auf Techniken, die diese Zellen entweder zur Selbstzerstörung treiben oder sie vom Immunsystem gezielt ausschalten lassen.

5. Einige Gewebe, etwa Arterienwände, versteifen mit den Jahren, weil sich darin Eiweißmoleküle chemisch aneinanderbinden. Das führt unter anderem zu Bluthochdruck. Medikamente sollen die Bindungen aufbrechen und das Gewebe verjüngen.

6. In den Zellzwischenräumen häuft sich biochemischer Müll, darunter jene Plaques, die sich im Gehirn von Alzheimer-Patienten herausbilden. Eine Lösung sieht de Grey in Impfungen, mit denen das Immunsystem zur Vernichtung solcher Ablagerungen angeregt werden könnte.

7. Auch in den Zellen selbst reichern sich schädliche Abbauprodukte an. So sammeln etwa Immunzellen in den Arterienwänden unverdauliche Fette an, bis sie daran sterben und sich in den Blutgefäßen ablagern. Dadurch verengen diese, und es drohen Herzinfarkt und Schlaganfall. De Grey will die Körperzellen so manipulieren, dass sie Enzyme produzieren, mit denen sich die Abbauprodukte zersetzen lassen.

Der Mensch könne schon bald 1000 Jahre alt werden, behauptet der britische Bioinformatiker Aubrey de Grey. Dafür müssten dem Körper neue Zellen zugeführt und schädliche zerstört werden

arbeiter Guarentes, glaubt einen Weg gefunden zu haben, wie sich auch beim Menschen ein Überlebensprogramm anstoßen ließe. Sinclair entdeckte, dass ein Stoff namens Resveratrol offenbar auf das SIR2-Gen einwirkt – und so das Leben von Hefezellen, Fadenwürmern und der Fruchtfliege *Drosophila melanogaster* auszudehnen vermag.

Pillen, die einen Kalorienentzug vortäuschen, sollen den Körper dazu bringen, auf ein Langlebigkeitsprogramm zu schalten

In anderen Versuchen half die Substanz kalorienreich ernährten Mäusen, trotz der Völlerei länger gesund zu bleiben. Ähnliche Effekte erhofft sich Sinclair auch für den Menschen.

Der vermeintliche Wunderstoff Resveratrol ist unter anderem in Himbeeren, Weintrauben, Erdnüssen und im Rotwein enthalten, allerdings in geringer Konzentration. David Sinclair entwickelt nun Medikamente, die auf Resveratrol basieren. Die Wirkung der Substanz auf den Menschen ist jedoch noch kaum untersucht.

Ohnehin sind sich längst nicht alle Experten sicher, ob Resveratrol bereits die erhoffte Lebenszeit spendende Substanz ist. Einige von ihnen verfolgen einen ganz anderen Ansatz: Nach ihren Erkenntnissen lässt sich das genetische Langlebigkeitsprogramm, zumindest bei der Hefe und anderen niederen Organismen, auch durch eine kalorienarme Ernährung aktivieren.

DAS PRINZIP ist nicht neu. Bereits zu Beginn des 16. Jahrhunderts setzte sich der damals etwa 40-jährige italienische Adlige Luigi Cornaro, dem die Ärzte wegen seiner Exzesse ein baldiges Ende prophezeit hatten, kurzerhand auf eine Extremdiät: Täglich genehmigte er sich gerade einmal 340 Gramm Brot, etwas Eigelb, Fleisch und Suppe sowie einen knappen halben Liter Wein – und erreichte ein für die damalige Zeit extrem hohes Alter von 102 Jahren.

Und schon in den 1930er Jahren haben Forschungen gezeigt, dass eine kalorienarme Ernährung zumindest das Leben von Ratten verlängern kann. Seither haben Wissenschaftler die Hungermethode erfolgreich bei verschiedenen anderen Arten angewandt: Winzige Rädertierchen wurden auf diese Weise ebenso älter wie Spinnen, Fische oder Mäuse. Bei Nagern konnte die durchschnittliche Lebenserwartung sogar um bis zu 50 Prozent gesteigert werden.

Vorläufige Ergebnisse deuten darauf hin, dass die Diät auch bei näheren Verwandten des Menschen funktioniert: Richard Weindruch betreut am Institute on Aging der Universität von Wisconsin-Madison einen Versuch mit Rhesusaffen, die seit 20 Jahren ununterbrochen bei Schmalkost gehalten werden.

Trotz ihres fortgeschrittenen Alters erkranken sie seltener an Diabetes oder Arthritis, leiden weniger unter Muskelschwund, haben einen niedrigeren Blutdruck und ein glatteres Fell als Altersgenossen, die jahrelang ganz normale Portionen futtern durften.

Welche biochemischen Mechanismen im Körper der hungernden Affen ablaufen, ist noch kaum erforscht. Allerdings scheinen sie geringeren Belastungen durch reaktionsfreudige Sauerstoffmoleküle ausgesetzt zu sein, die bei vielen Alterskrankheiten eine Rolle spielen.

Bislang ist aber keineswegs gesichert, ob der Kalorienentzug auch bei Menschen wirkt – und ob die überhaupt den damit verbundenen Verlust an Lebensqualität in Kauf nehmen würden. Forscher hoffen deshalb, dass weitere Erkenntnisfortschritte einen genetischen Wirkmechanismus offenbaren, der sich durch Medikamente beeinflussen ließe – etwa durch eines, das einen Kalorienentzug nur vortäuscht.

Dann könnte man weiterhin normale Portionen essen, während der Organismus auf den Hunger-Modus schaltet.

EIN GEWICHTIGES Argument für die Wirksamkeit der Nahrungsbeschränkung sind die zahlreichen über Hundertjährigen auf der japanischen Insel Okinawa, der Region mit der weltweit höchsten durchschnittlichen Lebenserwartung.

Dafür scheint nicht nur das gesunde Essen wichtig zu sein, sondern auch der Verzicht: Die älteren Insulaner halten sich noch immer an die Tradition des *hara hachi bu*, was so viel heißt wie: „den Magen nur zu 80 Prozent füllen". Die Lebenserwartung der Jüngeren, die sich mit reichlich Fast Food ernähren, ist dagegen innerhalb weniger Jahre deutlich gesunken.

Manche Menschen wollen jedoch weder diese sanfte Form des Kalorienentzugs praktizieren noch auf ein Medikament warten – und setzen sich deshalb, wie einst der Italiener Cornaro, auf eine Radikaldiät. Ein moderner Vorreiter dieser Hungerbewegung war der US-Pathologe Roy Walford. Er wurde durch das Großexperiment „Biosphere 2"

Das Leben von Fadenwürmern und Fruchtfliegen lässt sich durch Eingriffe ins Erbgut deutlich ausdehnen – das zeigen Experimente des US-Molekularbiologen Leonard Guarente

scheint vielen Forschern wie eine Bibel, die verschlüsselte Weisheiten über das Selbst enthält. In den Milliarden Buchstaben des genetischen Codes könnte der Einzelne nach Antworten auf große Lebensfragen suchen: Woher komme ich? Bin ich für ein langes Leben gerüstet? Was kann ich gegen Krankheiten tun, die mich bedrohen?

Der Genetiker George Church von der Harvard Medical School in Boston startete kürzlich mit zehn Freiwilligen das „Personal Genome Project“, eines der ambitioniertesten Vorhaben der Genforschung. Die Teilnehmer, darunter der Evolutionspsychologe Steven Pinker, lassen derzeit ihre DNS entziffern: im „Polonator G.007“, einer Sequenziermaschine der neuesten Generation.

In den kommenden Jahren soll das Erbgut von 100 000 weiteren Freiwilligen entschlüsselt werden. Jeder von ihnen muss seine Krankenakten einreichen und eine Reihe persönlicher Fragen beantworten: Wie lange sehen Sie täglich fern? Wohnen Sie in der Nähe von Hochspannungsleitungen? Mögen Sie lieber ein kaltes oder ein heißes Klima?

Die Lektüre im eigenen Erbgut ist nichts für Hypochonder

Der Abgleich von Lebensstil und Erbgut soll dann Rückschlüsse auf die Wechselwirkung zwischen genetischen Einflüssen und Umwelteinflüssen erlauben. Soll erklären helfen, welcher Anteil von häufigen Krankheiten erblich ist und welcher umweltbedingt.

Ein Ergebnis etwa könnte sein, dass bestimmte Gene Lungenkrebs auszulösen vermögen, aber nur dann, wenn die betreffende Person in einer verkehrsreichen Gegend lebt. Oder dass der Cholesterinwert eines Menschen zwar stark erhöht ist, dies aufgrund seiner genetischen Ausstattung aber nicht zu einem größeren Risiko für Arterienverkalkung führt.

Die Vision von George Church: eine personalisierte Medizin mit maßgeschneiderten Therapien. Jeder Bürger solle eine Art genetischer Krankenakte erhalten, die ihn ein Leben lang begleitet. Aus der Kenntnis der individuellen Gene und Gewohnheiten könnten dann nicht nur individuelle Gesundheitsrisiken abgeleitet werden. Der ständige Abgleich mit dem aktuellen Forschungsstand würde auch Ärzte in die Lage versetzen, ihre Patienten mit den neuesten Medikamenten und Therapien zu versorgen.

WAS BISLANG ein sehr kostspieliges Unterfangen war – die ersten Komplett-Entschlüsselungen eines menschlichen Genoms kosteten noch einige Hundert Millionen Dollar –, könnte schon bald für unter 4000 Euro zu haben sein.

Ab Juni 2009 will das US-Unternehmen Complete Genomics eine Sequenzierung des gesamten Genoms anbieten. Zwar habe man zunächst vor allem Forscher, Ärzte, Krankenhäuser sowie Pharmafirmen im Blick, aber auch „Privatleute“ seien willkommen, so der Forschungsleiter Radoje Dramanac.

Einen Schritt weiter ist das Unternehmen Knome aus Cambridge, Massachusetts – allerdings im Luxussegment. Für knapp 80 000 Euro erhalten Kunden ihre kompletten Gendaten auf einem passwortgeschützten, aus Silber gefertigten USB-Stick überreicht. Die Zahl seiner Auftraggeber mag Firmenmitgründer Jorge Conde zwar nicht verraten, aber man habe schon deutlich mehr Genome entziffert, „als Amerikaner den Mond betreten haben“. Das waren bislang zwölf.

Zum Leistungspaket gehören eine Lesesoftware und eine ausführliche persönliche Beratung. Jeder Kunde erhält eine Einladung zu einem eintägigen Workshop am Firmensitz. Fünf Spezialisten nehmen die Novizen dann auf eine Tour ins eigene Erbgut mit.

Die meisten Kunden, so Conde, stellten zunächst Fragen wie „Habe ich das Gen für Lungenkrebs?“ oder „Findet sich in meinem Erbgut die Anlage für Alzheimer?“ oder „Können Sie meinen IQ in den Genen lesen?“

Das sei eine gute Gelegenheit, über die komplexen Regeln der Vererbung aufzuklären. Denn streng genommen gebe es kein einzelnes Gen für Herzinfarkt, Alzheimer oder Krebs, und schon gar nicht für Intelligenz. Selbst biochemische Werte wie der für Cholesterin würden von Dutzenden von Erbanlagen beeinflusst, wobei jede einzelne nur begrenzten Einfluss habe.

Das ist ein Grundproblem der personalisierten Genmedizin. Da bei den meisten Krankheiten wahrscheinlich Dutzende oder gar Hunderte von Varianten im Erbgut überprüft und deren Bedeutung interpretiert werden müssen, ist diese Art der Medizin höchst komplex und damit auch teuer. Und ob sich aus dem angehäuften neuen Wissen tatsächlich seriöse Schlussfolgerungen ziehen lassen, ist ungewiss.

Bei Knome jedenfalls ist man noch lange nicht so weit. Die

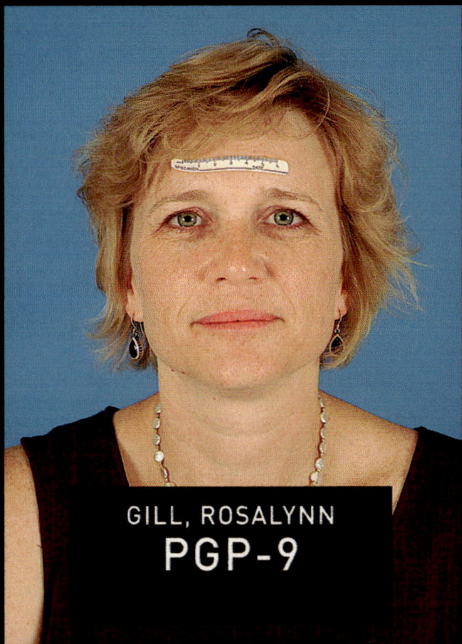

Neben den Erbgut-Informationen werden für das »Personal Genome Project« auch Körpermerkmale – wie Größe und Gesicht erfasst – was der PGP-Fotograf durch ein Maßband auf der Stirn symbolisiert hat

Kunden erhalten erst einmal den „KnomeXplorer" – eine Art Web-Browser, mit dem sie ihre digitalisierten Chromosomen anklicken können, um dann auf ihnen Gen für Gen entlangzuwandern.

Wie Ampeln auf einer Straße tauchen dann einzelne Genvarianten und die jeweils mit ihnen einhergehenden Krankheitsrisiken auf. Die Farbe Rot signalisiert erhöhte Gefahr, etwa für DNS-Abschnitte, die eine doppelt so hohe Wahrscheinlichkeit bedeuten, an Darmkrebs zu erkranken. Grüne Orte dagegen markieren Varianten, die ein vergleichsweise geringes Risiko nahelegen.

Mit einem anderen Werkzeug, dem „Bodyviewer", kann ein Kunde – wie in einem elektronischen Lehrbuch – sein Körperschema am Bildschirm durchmustern. Klickt er aufs Gehirn, erscheint eine Liste von typischen Erkrankungen, und es wird zum Beispiel die Genetik der Alzheimerkrankheit erläutert: Welche Varianten im ApoE4-Gen das Risiko für Alzheimer erhöhen – und vor allem, ob und welche man selber trägt.

Für jedes Organ listet die Software auch solche Schadstellen auf, bei denen die wissenschaftliche Literatur bisher allenfalls Risikofaktoren vermuten lässt. Auch deshalb ist die Lektüre im eigenen Erbgut nichts für Hypochonder. Zwar betont der Knome-Chef, wirklich schlechte Nachrichten hätte er bisher keinem seiner Kunden überbringen müssen – doch waren die bisherigen Klienten auch alle im mittleren Alter und lebten gesund.

„Neun von zehn Erwachsenen können sich nach einer Komplett-Analyse ihres Erbguts genauso verhalten, als wäre ihre DNS niemals entziffert worden", schätzt Radoje Dramanac von Complete Genomics.

Wer allerdings Mutationen in mehreren jener 300 Gene aufweise, die im Körper die Vermehrung von Krebszellen bremsen können, für den könnte der tiefe Blick ins Erbgut lebensverlängernd sein – wenn er als Alarmsignal dafür gesehen wird, Vorsorgeuntersuchungen regelmäßig wahrzunehmen.

NICHT ALLE Genetiker können sich für diese neue Welt begeistern. Maynard Olson, einer der Väter der ersten kompletten Entschlüsselung eines menschlichen Genoms, fürchtet das Entstehen eines unregulierten Marktes mit mehr oder weniger dubiosen Gen-Wahrsagern. Wer die gesundheitliche Zukunft eines Menschen oder sogar dessen Charakter und Talente aus dessen Erbgut ablesen wolle, betreibe nach derzeitigem Erkenntnisstand kaum mehr als „esoterische Hellseherei".

Gelassener sieht es der renommierte Berliner Molekularbiologe Jens Reich. Auch wenn er nicht davon überzeugt ist, dass das Schicksal des Einzelnen allein in seinem Erbgut geschrieben steht: „Das eine oder andere Gen würde mich schon interessieren."

In seiner Familie habe der Vater unter Alzheimer gelitten, und die Großmutter unter einer ganz ähnlichen Demenz. „Wenn ich nun wüsste, ob ich noch 20 Jahre geistig frisch bleibe oder nur noch fünf", sagt der inzwischen 70-jährige Reich, „könnte ich diese Information in meine Lebensplanung einbeziehen." □

Der Kölner Wissenschaftsjournalist **Volker Stollorz**, 45, hat sich auf die Themen Medizin und Biotechnologie spezialisiert.

PERSÖNLICHKEITSTEST

LERNEN SIE SICH BESSER KENNEN!

VON LISA KRELHAUS UND TEAM, PROFILINGCENTER BOCHUM

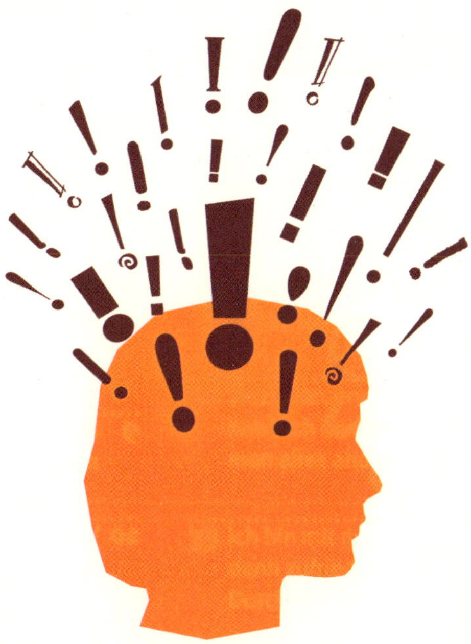

Dieser von Bochumer Psychologen entwickelte Test kann Ihnen dabei helfen, mehr über die eigene Persönlichkeit zu erfahren. Fragebogen und Auswertung sind nach wissenschaftlichen Regeln entwickelt und anhand einer Stichprobe empirisch überprüft worden – unter Beteiligung von 1000 Personen verschiedenen Alters und Bildungsstandes

	TRIFFT GAR NICHT ZU 1	TRIFFT EHER NICHT ZU 2	WEDER NOCH 3	TRIFFT EHER ZU 4	TRIFFT VOLL ZU 5
38 Ich bin bereit, mich sehr stark zu engagieren, um einen hohen gesellschaftlichen Status zu erlangen	☐	☐	☐	☐	☐
39 Mit anderen in Konkurrenz treten zu müssen, spornt mich an	☐	☐	☐	☐	☐
40 Ob ich mit meiner Leistung zufrieden sein kann, hängt maßgeblich von mir selbst ab	☐	☐	☐	☐	☐
41 Es macht mir Spaß, den Dingen auf den Grund zu gehen	☐	☐	☐	☐	☐
42 Ich brauche häufig meine Ruhe und ziehe mich dann zurück	☐	☐	☐	☐	☐
43 Ich gebe anderen Menschen nur ungern Anweisungen	☐	☐	☐	☐	☐
44 Wenn die Dinge einmal funktionieren, dann mache ich diese am liebsten ohne Veränderung genauso weiter	☐	☐	☐	☐	☐
45 Auch wenn andere bereits zufrieden mit einer bestimmten Leistung wären, mache ich in jedem Fall weiter, bis das Ergebnis mich wirklich befriedigt	☐	☐	☐	☐	☐
46 Es macht mir Freude, wenn ich anderen helfen oder sie unterstützen kann	☐	☐	☐	☐	☐
47 Es ist mir sehr wichtig, selbst zu bestimmen, wie ich meinen Tagesablauf gestalte	☐	☐	☐	☐	☐

	TRIFFT GAR NICHT ZU 1	TRIFFT EHER NICHT ZU 2	WEDER NOCH 3	TRIFFT EHER ZU 4	TRIFFT VOLL ZU 5
48 Eine hochrangige Position zu bekleiden und dort hohes Ansehen zu genießen, ist für mich ein wichtiges Ziel	☐	☐	☐	☐	☐
49 Ich trete gern in Wettbewerb zu anderen, damit ich weiß, wo ich stehe	☐	☐	☐	☐	☐
50 Schwierige Situationen arbeite ich auf, um für die Zukunft besser vorbereitet zu sein	☐	☐	☐	☐	☐
51 Ich gehe einer Sache so lange nach, bis ich herausgefunden habe, wie sie funktioniert	☐	☐	☐	☐	☐
52 Wenn viele Menschen um mich herum sind, fühle ich mich nicht wohl	☐	☐	☐	☐	☐
53 Es macht mir Spaß zu sehen, dass andere tun, was ich möchte	☐	☐	☐	☐	☐
54 Den Verlauf der Dinge beeinflussen zu können, ist mir wichtig	☐	☐	☐	☐	☐
55 Damit nicht zu hohe Erwartungen an mich gestellt werden, halte ich mich mit meiner Leistung immer erst einmal zurück	☐	☐	☐	☐	☐
56 Da ich sehr gut nachvollziehen kann, wie es Menschen in schwierigen Situationen ergeht, helfe ich gern	☐	☐	☐	☐	☐
57 Es ist mir lieber, dass mir jemand sagt, wo es langgeht, als dass ich selbst entscheiden muss	☐	☐	☐	☐	☐
58 Einen Beruf zu haben, der mit viel Prestige verbunden ist, hat für mich große Bedeutung	☐	☐	☐	☐	☐

Nr.	Aussage	Trifft gar nicht zu 1	Trifft eher nicht zu 2	Weder noch 3	Trifft eher zu 4	Trifft voll zu 5
59	Ich bin der Ansicht: Konkurrenz belebt das Geschäft	☐	☐	☐	☐	☐
60	Es ist reiner Zufall, wenn sich andere Menschen einmal nach meinen Wünschen richten	☐	☐	☐	☐	☐
61	Wenn Probleme auftauchen, möchte ich herausfinden, woran das liegt	☐	☐	☐	☐	☐
62	Ich unternehme gern etwas gemeinsam mit anderen Menschen	☐	☐	☐	☐	☐
63	In Auseinandersetzungen ziehe ich meist den Kürzeren	☐	☐	☐	☐	☐
64	Ich bin ein Mensch, der großen Gestaltungsspielraum braucht	☐	☐	☐	☐	☐
65	Man hat im Leben nichts davon, wenn man sich besonders engagiert	☐	☐	☐	☐	☐
66	Menschen, die sich die meiste Zeit um das Wohlergehen anderer kümmern, kann ich nicht verstehen	☐	☐	☐	☐	☐
67	Ich fühle mich unwohl, wenn mir andere Vorgaben machen	☐	☐	☐	☐	☐
68	In der Gesellschaft angesehen zu sein, hat für mich hohen Stellenwert	☐	☐	☐	☐	☐
69	Meine Leistungen mit denen anderer zu vergleichen, ist mir wichtig	☐	☐	☐	☐	☐
70	Wie mein Leben gestaltet wird, bestimme ich aktiv	☐	☐	☐	☐	☐
71	Ich halte Ausschau nach Möglichkeiten, Neues zu erfahren oder mehr über eine bestimmte Sache zu lernen	☐	☐	☐	☐	☐
72	Das Zusammensein mit anderen Menschen strengt mich oft an	☐	☐	☐	☐	☐
73	Andere bezeichnen mich als dominant	☐	☐	☐	☐	☐
74	Selbst etwas zu bewirken, macht mir Freude	☐	☐	☐	☐	☐
75	Es lohnt sich nicht, sich über das durchschnittliche Maß hinaus zu engagieren, da man nur ausgenutzt wird	☐	☐	☐	☐	☐
76	Es bereitet mir Freude, andere Menschen bei ihrer persönlichen Entwicklung zu fördern	☐	☐	☐	☐	☐
77	Ich mag Arbeitsaufträge, bei denen ich freie Hand habe	☐	☐	☐	☐	☐
78	Meine Freizeitgestaltung richte ich vor allem danach aus, ob sie zu meinem gesellschaftlichen Status passt	☐	☐	☐	☐	☐
79	Besser zu sein als andere ist mir äußerst wichtig	☐	☐	☐	☐	☐
80	Ich nehme mein Leben lieber selbst in die Hand, als dass ich mich auf das Schicksal verlasse	☐	☐	☐	☐	☐

DIE AUSWERTUNG

Die Fragen des Tests beziehen sich auf zehn unterschiedliche Motive und Einstellungen – und damit auf Antriebe, die in jedem Menschen schlummern. Bei der Auswertung werden die Punktwerte geordnet nach den zehn Bereichen zusammengezählt. Das Ergebnis zeigt dann, wie stark die jeweiligen Motive und Einstellungen bei Ihnen ausgeprägt sind. Bei manchen Fragen deutet eine hohe Zustimmung auf eine starke Ausprägung hin, bei anderen verhält es sich entgegengesetzt. In den Tabellen ist aufgeführt, wie sich der Punktwert der einzelnen Fragen berechnet. Dabei gibt es zwei Variationen: Mal müssen Sie die angekreuzte Zahl in der rechten Spalte eintragen (Zahl = Punktwert), mal ziehen Sie diese von dem vorgegebenen Wert 6 ab (6 minus Zahl = Punktwert). Addieren Sie dann die Punktwerte zur Gesamtpunktzahl für das jeweilige Motiv, die jeweilige Einstellung.

NEUGIER

	Umrechnungsmodus	Punktwert
Aussage **1**	Zahl = Punktwert	
Aussage **11**	Zahl = Punktwert	
Aussage **21**	6 minus Zahl = Punktwert	
Aussage **31**	6 minus Zahl = Punktwert	
Aussage **41**	Zahl = Punktwert	
Aussage **51**	Zahl = Punktwert	
Aussage **61**	Zahl = Punktwert	
Aussage **71**	Zahl = Punktwert	
	Summe Punktwerte NEUGIER:	

GESELLIGKEIT

	Umrechnungsmodus	Punktwert
Aussage **2**	Zahl = Punktwert	
Aussage **12**	6 minus Zahl = Punktwert	
Aussage **22**	Zahl = Punktwert	
Aussage **32**	Zahl = Punktwert	
Aussage **42**	6 minus Zahl = Punktwert	
Aussage **52**	6 minus Zahl = Punktwert	
Aussage **62**	Zahl = Punktwert	
Aussage **72**	6 minus Zahl = Punktwert	
	Summe Punktwerte GESELLIGKEIT:	

MACHT

	Umrechnungsmodus	Punktwert
Aussage **3**	Zahl = Punktwert	
Aussage **13**	Zahl = Punktwert	
Aussage **23**	6 minus Zahl = Punktwert	
Aussage **33**	6 minus Zahl = Punktwert	
Aussage **43**	6 minus Zahl = Punktwert	
Aussage **53**	Zahl = Punktwert	
Aussage **63**	6 minus Zahl = Punktwert	
Aussage **73**	Zahl = Punktwert	
	Summe Punktwerte MACHT:	

LEISTUNG

	Umrechnungsmodus	Punktwert
Aussage **5**	6 minus Zahl = Punktwert	
Aussage **15**	6 minus Zahl = Punktwert	
Aussage **25**	Zahl = Punktwert	
Aussage **35**	6 minus Zahl = Punktwert	
Aussage **45**	Zahl = Punktwert	
Aussage **55**	6 minus Zahl = Punktwert	
Aussage **65**	6 minus Zahl = Punktwert	
Aussage **75**	6 minus Zahl = Punktwert	
	Summe Punktwerte LEISTUNG:	

GESTALTUNG

	Umrechnungsmodus	Punktwert
Aussage **4**	Zahl = Punktwert	
Aussage **14**	Zahl = Punktwert	
Aussage **24**	6 minus Zahl = Punktwert	
Aussage **34**	Zahl = Punktwert	
Aussage **44**	6 minus Zahl = Punktwert	
Aussage **54**	Zahl = Punktwert	
Aussage **64**	Zahl = Punktwert	
Aussage **74**	Zahl = Punktwert	
	Summe Punktwerte GESTALTUNG:	

UNEIGENNÜTZIGKEIT

	Umrechnungsmodus	Punktwert
Aussage **6**	Zahl = Punktwert	
Aussage **16**	Zahl = Punktwert	
Aussage **26**	Zahl = Punktwert	
Aussage **36**	Zahl = Punktwert	
Aussage **46**	Zahl = Punktwert	
Aussage **56**	Zahl = Punktwert	
Aussage **66**	6 minus Zahl = Punktwert	
Aussage **76**	Zahl = Punktwert	
Summe Punktwerte UNEIGENNÜTZIGKEIT:		

UNABHÄNGIGKEIT

	Umrechnungsmodus	Punktwert
Aussage **7**	Zahl = Punktwert	
Aussage **17**	Zahl = Punktwert	
Aussage **27**	Zahl = Punktwert	
Aussage **37**	Zahl = Punktwert	
Aussage **47**	Zahl = Punktwert	
Aussage **57**	6 minus Zahl = Punktwert	
Aussage **67**	Zahl = Punktwert	
Aussage **77**	Zahl = Punktwert	
Summe Punktwerte UNABHÄNGIGKEIT:		

WETTBEWERB

	Umrechnungsmodus	Punktwert
Aussage **9**	6 minus Zahl = Punktwert	
Aussage **19**	6 minus Zahl = Punktwert	
Aussage **29**	Zahl = Punktwert	
Aussage **39**	Zahl = Punktwert	
Aussage **49**	Zahl = Punktwert	
Aussage **59**	Zahl = Punktwert	
Aussage **69**	Zahl = Punktwert	
Aussage **79**	Zahl = Punktwert	
Summe Punktwerte WETTBEWERB:		

STATUS

	Umrechnungsmodus	Punktwert
Aussage **8**	Zahl = Punktwert	
Aussage **18**	Zahl = Punktwert	
Aussage **28**	Zahl = Punktwert	
Aussage **38**	Zahl = Punktwert	
Aussage **48**	Zahl = Punktwert	
Aussage **58**	Zahl = Punktwert	
Aussage **68**	Zahl = Punktwert	
Aussage **78**	Zahl = Punktwert	
Summe Punktwerte STATUS:		

SELBSTWIRKSAMKEIT

	Umrechnungsmodus	Punktwert
Aussage **10**	Zahl = Punktwert	
Aussage **20**	6 minus Zahl = Punktwert	
Aussage **30**	Zahl = Punktwert	
Aussage **40**	Zahl = Punktwert	
Aussage **50**	Zahl = Punktwert	
Aussage **60**	6 minus Zahl = Punktwert	
Aussage **70**	Zahl = Punktwert	
Aussage **80**	Zahl = Punktwert	
Summe Punktwerte SELBSTWIRKSAMKEIT:		

DAS ERGEBNIS

Anhand der ermittelten Summen können Sie nun in der Punktwerttabelle herausfinden, wie hoch bei Ihnen der Ausprägungsgrad bei den einzelnen Motiven und Einstellungen ist. Kreuzen Sie den entsprechenden Wert im Ergebnisprofil an.

PUNKTWERTTABELLE

	Niedrige Ausprägung	1	2	3	4	5	Hohe Ausprägung
NEUGIER	Lieber bei Altbewährtem bleiben	8–25	26–29	30–32	33–35	36–40	Offen sein für Neues
GESELLIGKEIT	Sich allein am wohlsten fühlen	8–21	22–26	27–30	31–33	34–40	Gerne mit anderen Menschen zusammen sein
MACHT	Anderen Anweisungen geben fällt schwer	8–18	19–22	23–26	27–29	30–40	Seine Interessen auf Kosten anderer durchsetzen
GESTALTUNG	Nicht auf Veränderungen drängen	8–25	26–28	29–31	32–33	34–40	Durch das eigene Verhalten etwas bewegen wollen
LEISTUNG	Nur das Nötigste tun, um eine Arbeit fertigzustellen	8–23	24–28	29–31	32–34	35–40	Einen hohen Anspruch an die eigene Arbeit haben
UNEIGENNÜTZIGKEIT	Leben nach dem Motto: „Jeder ist sich selbst der Nächste“	8–28	29–32	33–36	37–38	39–40	Sich intensiv um das Wohlergehen anderer kümmern
UNABHÄNGIGKEIT	Sich an anderen orientieren; Verantwortung abgeben	8–25	26–29	30–32	33–34	35–40	Unabhängig sein; Verantwortung annehmen
STATUS	Soziale Anerkennung unwichtig finden	8–17	18–23	24–27	28–31	32–40	Soziale Anerkennung suchen
WETTBEWERB	Konkurrenz meiden	8–17	18–22	23–25	26–30	31–40	Den Wettkampf suchen
SELBSTWIRKSAMKEIT	Dinge als außerhalb der eigenen Einflussmöglichkeiten erleben	8–24	25–28	29–30	31–33	34–40	Der Überzeugung sein, die meisten Dinge im Leben selbst kontrollieren zu können

Das Ergebnis kann Ihnen Hinweise darauf geben, was Sie glücklich und zufrieden macht. Dazu schauen Sie sich am besten die Motive und Einstellungen mit den höchsten Punktwerten an und prüfen, inwieweit Sie ihnen in Ihrem Leben Ausdruck verleihen. Denn im Alltag suchen Menschen unbewusst nach Möglichkeiten, im Sinne der verschiedenen Motive aktiv zu werden (Motiv + Situation = Motivation). Wenn wir dem nachgehen, empfinden wir das als befriedigend und kraftspendend. Wenn wir das längere Zeit nicht tun, entsteht ein Gefühl innerer Leere.

Fragen Sie sich:
Bin ich zufrieden damit, in welchem Ausmaß ich meinen Motiven Ausdruck verleihe?
Weiterführende Erläuterungen zu den Motiven und Einstellungen erhalten Sie auf den folgenden Seiten.

DIE MOTIVE

NEUGIER

Das Motiv Neugier treibt dazu an, Unbekanntes zu erforschen und den Dingen auf den Grund zu gehen. Es ist eine Antriebskraft fürs Lernen, Problemlösen, Gestalten und Verändern. Evolutionsbiologisch ist Neugier überlebenswichtig, weil sie dazu dient, die Umgebung und die Möglichkeiten, die diese einem bietet, genau kennenzulernen. Nicht zuletzt haben die Neugier des Menschen, sein Wissensdurst und sein Bedürfnis nach neuen Erfahrungen Fortschritt überhaupt erst möglich gemacht.

Menschen mit ausgeprägter Neugier sind aufgeschlossen und experimentierfreudig. Entsprechend bevorzugen sie Abwechslung, sind auf der Suche nach neuen Erfahrungen und Erkenntnissen. Ein Nachteil kann es sein, dass Dinge nur oberflächlich gestreift werden oder eine Sache nicht zu Ende gebracht wird, weil etwas anderes noch interessanter erscheint. Dann gilt es abzuwägen, was einem wichtiger ist.

Für Menschen mit niedriger Neugier-Ausprägung ist Neues und Unvorhergesehenes nicht per se anregend und interessant. Sie wägen häufig genau ab, ob sie dafür ihre Energie einsetzen wollen. Das kann dazu führen, dass ihr Erfahrungshorizont eher begrenzt bleibt.

GESELLIGKEIT

Menschen sind soziale Wesen, die ihre Zufriedenheit vor allem aus dem Umgang mit anderen Menschen beziehen. Obwohl bei allen Menschen vorhanden, ist der Wunsch nach Kontakt und Nähe allerdings sehr unterschiedlich ausgeprägt.

Menschen mit einem hohen Geselligkeitsmotiv sind bestrebt, aus Fremden Bekannte und aus Bekannten Freunde zu machen. Das gelingt ihnen durch ihre freundliche Art und durch soziales Geschick.

Ein Nachteil kann es sein, andere Menschen nur positiv und wenig differenziert wahrzunehmen. Persönliche Enttäuschungen sind so programmiert. Wichtig wäre es, den Grund dafür nicht allein in der Persönlichkeit des anderen zu suchen, sondern auch in der vielleicht nicht realistischen eigenen Wahrnehmung.

Menschen mit einem geringen Geselligkeitsmotiv schöpfen mehr Kraft als andere aus dem Alleinsein. Gesellschaftliche Anlässe werden eher als lästig und unangenehm empfunden. Sie neigen dazu, sich zu Hause „einzuigeln“ und wenig Kontakt zur Außenwelt und zu ihren Mitmenschen zu haben. Möglicherweise empfinden sie Angst vor Ablehnung und Zurückweisung. Es kann aber auch sein, dass sie schlicht andere Interessen haben.

MACHT

Das Machtmotiv äußert sich in dem Bestreben, Einfluss auf andere zu nehmen und diese zu etwas zu bewegen, was sie sonst nicht getan hätten. Prinzipiell ist zwischen zwei Formen der Macht zu unterscheiden: Die gesellschaftliche Macht (z. B. Justiz) dient dem Schutz und Wohl aller. Die egoistische Macht verfolgt ohne Rücksicht auf andere die Durchsetzung der eigenen Interessen.

Menschen mit einem ausgeprägten Machtmotiv benötigen eine hohe Konfliktbereitschaft. Denn sie vertreten klar den eigenen Standpunkt, übernehmen in einer Gruppe oft die Führung und genießen es, die anderen für ihren Standpunkt und ihre Ziele zu begeistern.

Gelingt dies nicht, besteht die Gefahr, dass diese Personen sich rücksichtslos über die Bedürfnisse und Ansichten anderer Menschen hinwegsetzen. Mächtigen wird selten ehrliche Rückmeldung gegeben. Deshalb ist es wichtig, dass sie ihr Verhalten und ihre Wirkung auf andere kritisch reflektieren und sich Rückmeldung von einer unabhängigen Person einholen.

Menschen mit einem niedrigen Machtmotiv widerstrebt es, andere zu beeinflussen und die Führung zu übernehmen. Harmonie und Respekt vor der Selbstbestimmung der anderen wird höher bewertet als die Durchsetzung eigener Interessen. Es besteht das Risiko, dass berechtigte eigene Belange vernachlässigt werden. In dem Fall kann es hilfreich sein, seine Konfliktbereitschaft zu verbessern.

GESTALTUNG

Das Gestaltungsmotiv steht für den inneren Antrieb, etwas zu bewirken: die Umgebung zu verändern, Missstände zu beseitigen und Neues zu schaffen. Menschen mit hoch ausgeprägtem Gestaltungsmotiv sind „Macher". Sie wollen viel bewegen und haben häufig Ideen, wie etwas besser oder ideal sein könnte. Eigene Vorstellungen werden engagiert verfolgt und auch gegen Widerstände durchgesetzt. Die Möglichkeit, ihr Gestaltungsmotiv zu befriedigen, ist für diese Personen ein großer Anreiz für beruflichen Erfolg und Zufriedenheit. Bei Personen mit sehr hoher Ausprägung besteht allerdings das Risiko, dass sie über das Ziel hinausschießen und Dinge verändern um des Veränderns willen. Oder dass ihre Ideen von anderen nicht nachvollzogen werden können. Personen mit niedrig ausgeprägtem Gestaltungsmotiv neigen dazu, Bestehendes zu bewahren. Sie können sich gut mit den Umständen arrangieren, auch wenn diese eindeutig verbesserungswürdig sind. Der Nachteil: Häufig finden sie sich schnell auch mit Gegebenheiten ab, die sie selber als störend empfinden.

LEISTUNG

Das Leistungsmotiv zeigt sich in dem Bestreben, die eigene Leistung unter Beweis zu stellen. Je höher das Leistungsmotiv ausgeprägt ist, desto größer sind die Bereitschaft, sich anzustrengen, und der Wille, Schwierigkeiten zu überwinden. Bestimmt wird es vor allem durch elterliche und kulturelle Einflüsse in der Kindheit.
Menschen mit einem hoch ausgeprägten Leistungsmotiv stellen sehr hohe Anforderungen an die eigene Leistung. Schwierige Aufgaben werden als Herausforderung empfunden. Diese Menschen genießen es, ihre Kompetenzen auszubauen und an ihre Leistungsgrenzen zu gehen. Im Extremfall wird die eigene Messlatte laufend höhergelegt, was zu einer Überschreitung der physischen und psychischen Belastungsgrenzen führen kann und entsprechende Risiken mit sich bringt.
Wenig leistungsmotivierte Personen verfügen nicht über den Ehrgeiz, stets hohen Ansprüchen zu genügen. Aufgaben werden erledigt – ein besonderes Engagement wird jedoch nicht erbracht. Dennoch sind diese Menschen mit ihrer Leistung zufrieden. Ein Nachteil kann darin bestehen, dass sie bei auftretenden Schwierigkeiten schneller aufgeben und so das eigene Potenzial nicht ausschöpfen.

UNEIGENNÜTZIGKEIT

Uneigennützigkeit bezeichnet das Motiv, anderen Personen zu helfen und deren Entwicklung selbstlos zu fördern. Voraussetzung für ein solches Verhalten ist die Fähigkeit, sich in andere Menschen einzufühlen. Uneigennützige Menschen sind besonders empfindsam für die Bedürfnisse anderer und erkennen schnell, wer Hilfe braucht. Dabei besteht die Gefahr, dass sie ihre eigenen Bedürfnisse vernachlässigen und ihre Kraft, die sie auch für sich selbst bräuchten, nur für andere einsetzen.
Menschen mit wenig ausgeprägter Uneigennützigkeit bereitet es keine besondere Freude, andere zu unterstützen oder ihnen zu helfen. Sie stehen auf dem Standpunkt, dass jeder für sich selbst verantwortlich ist. Das birgt die Gefahr, dass auch in wirklichen Notsituationen nicht geholfen wird.
Es wird seit Langem diskutiert, ob nicht auch hinter der Uneigennützigkeit egoistische Bedürfnisse stehen – ob es dem Helfenden in erster Linie um die Dankbarkeit des anderen geht, um ein Lob der Mitmenschen, um sein Gefühl der Überlegenheit dem Schwächeren gegenüber. Inwieweit solche Motive oder tatsächlich ein tiefes Mitfühlen hinter dem individuellen Verhalten stehen, kann jedoch nur der Einzelne für sich beantworten.

UNABHÄNGIGKEIT

Das Bedürfnis nach Unabhängigkeit ist das Bestreben, sein Leben selbstständig und eigenverantwortlich zu gestalten, weitgehend unabhängig von der Einflussnahme anderer. Personen mit starkem Autonomiebedürfnis schätzen Aufgaben mit nur wenigen konkreten Vorgaben. Es behagt ihnen nicht, in ihrer Entscheidungsfreiheit eingeschränkt zu werden – beispielsweise durch Vorgesetzte oder Vorschriften und Regeln; das kann zu Problemen in der Zusammenarbeit führen. Berufliche Aufgaben, die es erfordern, dass man sich an ein strenges Regelwerk hält, sind für Personen mit einem hohen Unabhängigkeitsbedürfnis nicht geeignet. Personen mit einem geringen Autonomiebedürfnis setzen andere Prioritäten. Sie bearbeiten gern Aufgaben mit klaren Direktiven und legen großen Wert darauf, ihre Entscheidungen und Meinungen mit denen anderer abzugleichen. Verantwortung zu übernehmen, löst bei ihnen eher Unsicherheit aus. Das hat den Nachteil, dass sie in ihrem Handeln von anderen Personen abhängig sind und keine eigenen Entscheidungen treffen.

STATUS

Unter Status versteht man die gesellschaftliche Stellung einer Person, die sich unter anderem darin ausdrückt, mit welchen Statussymbolen sich jemand umgibt, welchen Beruf er ausübt und welchen Freizeitaktivitäten er nachgeht. Mit einem hohen gesellschaftlichen Status verbunden ist häufig auch die Möglichkeit der gesellschaftlichen Einflussnahme. Wie viel der Status für eine Person bedeutet, ist sehr unterschiedlich. Der eine sucht sich einen Beruf gezielt nach dem damit verbundenen Ansehen aus, für den anderen spielen diese Überlegungen keine Rolle.
Menschen mit einem hohen Bedürfnis nach Status ist es wichtig, von anderen anerkannt zu werden. Das berücksichtigen sie bei ihren Entscheidungen. Sie sind daher bereit, Zeit und Energie zu investieren, wenn es ihrem Ansehen förderlich ist. Im Extremfall machen sie sich von der Bewertung anderer abhängig und verlieren wichtige Anliegen aus dem Auge.
Personen mit einem geringen Bedürfnis nach Status messen der gesellschaftlichen Anerkennung keine besondere Bedeutung bei. Möglicherweise verfügen sie bereits über einen hohen Status oder sie sind für die Erreichung ihrer Ziele auf Anerkennung durch andere nicht angewiesen. Man sollte sich allerdings prüfen, ob die behauptete Unwichtigkeit von gesellschaftlichem Status nicht nur ein Lippenbekenntnis ist.

WETTBEWERB

Das Bedürfnis nach Wettbewerb bezieht sich auf den Wunsch, sich mit anderen zu messen. Neben dem Gestaltungs- und Leistungsbedürfnis ist das Bedürfnis nach Wettbewerb eine Triebfeder für Leistungssteigerung und Innovation. Wettbewerb findet sich in allen Lebensbereichen, im Beruf, im Sport, in der Freizeit. Empfunden wird er vom Einzelnen ganz unterschiedlich: Manche erleben ihn als Herausforderung und erbringen persönliche Höchstleistungen, andere fühlen sich unter Druck gesetzt und sind dadurch in ihrer Leistungsfähigkeit beeinträchtigt.
Personen mit hohem Wettbewerbsbedürfnis messen sich gern mit anderen. Sie suchen gezielt Situationen, in denen sie ihre Fähigkeiten unter Beweis stellen können. In Berufen, in denen man sich gegen Konkurrenz durchsetzen will oder muss, ist ein hohes Wettbewerbsbedürfnis vorteilhaft. Dieses Bedürfnis kann jedoch dazu führen, dass auch dann Konkurrenzkämpfe angezettelt werden, wenn die gar nicht angebracht sind – beispielsweise bei der Arbeit im Team.
Menschen mit geringen Wettbewerbsbedürfnissen schätzen kooperative Beziehungen und ein harmonisches Miteinander. Mit anderen konkurrieren zu müssen, ist ihnen unangenehm. Deshalb gehen sie Wettbewerbssituationen möglichst aus dem Weg. Manchmal verpassen sie dadurch allerdings auch eine Chance, sich und ihre Ideen weiterzuentwickeln und diese auch gegen Widerstände durchzusetzen.

SELBSTWIRKSAMKEIT

Selbstwirksamkeit ist kein Motiv, sondern eine Einstellung. Sie beschreibt die Fähigkeit, an sich und seine Kompetenzen zu glauben, Einfluss zu nehmen auf die Gestaltung seines Lebens, zuversichtlich zu sein und mit unvorhergesehenen Situationen klarkommen zu können. Die zentrale Frage lautet: Was kann ich bewirken?
Die eigene Auffassung über die Selbstwirksamkeit wirkt als selbst erfüllende Prophezeiung. Wer an sich und seine Fähigkeiten glaubt, wird sein Leben aktiv gestalten. Dabei erlebt er sich als selbstwirksam. So entsteht ein Prozess einer sich immer weiter verstärkenden Selbstsicherheit, gewissermaßen eine positive Rückkopplung.
Wer aber der Überzeugung ist, dass in erster Linie andere Menschen, die gesellschaftlichen Umstände oder das Schicksal für alles verantwortlich sind, wird gar nicht erst erwarten, dass er etwas Besonderes in seinem Leben erreichen könnte – und sich deshalb auch keine entsprechenden Ziele setzen. Er empfindet sich als Opfer der Umstände und nutzt deshalb den Gestaltungsspielraum nicht. Menschen mit einer niedrig ausgeprägten Selbstwirksamkeit haben wenig Vertrauen in ihre Fähigkeiten. Sie sind in Situationen, die sie als schwierig erleben, oft unsicher und vermeiden diese, wenn möglich. Sie glauben nicht daran, Schwierigkeiten mithilfe ihrer eigenen Fähigkeiten meistern zu können. Selbst offensichtliche Lösungen können sie nicht erkennen, da wenig oder gar kein Vertrauen vorhanden ist, etwas bewirken zu können. □

Der Test ist entwickelt worden von dem Psychologenteam um Lisa Krelhaus, die in Bochum das „Profilingcenter – Institut für Berufsberatung und Karriereentwicklung“ leitet. Er ist in leicht bearbeiteter Fassung und mit freundlicher Genehmigung entnommen dem Buch von Lisa Krelhaus: „Wer bin ich – wer will ich sein?“, mvg-Verlag (www.mvg-verlag.de), München 2006, 218 Seiten

Anhand von Speichelproben, aber auch von Haarwurzeln oder Blut können Labore Erbgut und Verwandtschaftslinien analysieren

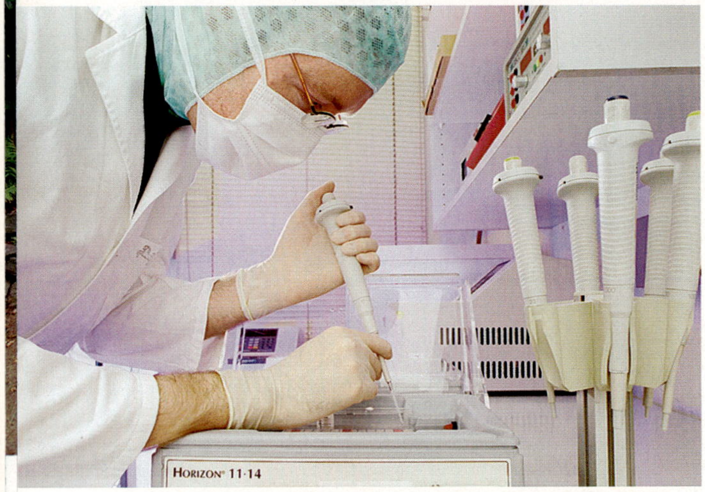

dert durch die Generationen, immer exakt kopiert vom Vater auf den Sohn. Aber wenn sich die Proben am Ende als unterschiedlich erweisen sollten – was dann?

20 Jahre lang hat Holger Zierdt seine Familie erforscht. Hat Kirchenbücher durchgesehen, auf Mikrofilmrollen nach Trau-Matrikeln gesucht und uralte Nachrufe aus Zeitungsarchiven hervorgekramt. Tausende von kleinen Rechtecken hat er in riesigen Stammbaumsystemen mit Namen und Daten gefüllt, Männern gerade und Frauen ungerade Zahlen zugeordnet und, wo immer möglich, deren Geschichten festgehalten.

Die meisten waren „kleine" Leute, deren Lebensleistung zwischen den Zeilen der Geschichtsbücher verschollen ist: hier ein Weichensteller, dort ein Zimmermann oder ein Schuhmacher.

Nur selten ragt einer aus der Masse der längst Verstorbenen heraus: wie jener Thüringer namens Claus Zierdt, der 1655 einen hessischen Forstknecht mit der Flinte durchs Wirtshausfenster erschossen hat – eine Tat, deren Hergang in einer 200 Seiten dicken Gerichtsakte im hessischen Staatsarchiv in Marburg nachzulesen ist.

Und natürlich jener Georg Zierdt, der sich Mitte des 19. Jahrhunderts rund 150 Taler für die Reise von Hessen nach Amerika zusammensparte, weil er abenteuerlustig war oder perspektivlos oder beides; und der dann in „Pensilvanien" unter dem Namen „Big George" einen Schnapsladen eröffnete.

DIE VERBINDUNG zwischen allen diesen Menschen ist Holger Zierdts Konstrukt und Hypothese – Ergebnis seiner akribischen Detektivarbeit.

Und diese Verbindung muss jetzt im UV-Licht einer Dunkelkammer den Wahrheitstest bestehen. Vor ihm auf dem Labortisch sollten ausschließlich Teile aus der DNS des Stammvaters liegen, sichtbar gemacht in fast 60 zeitgenössischen Kopien, identisch weitergegeben durch mindestens 14 Generationen.

Wenn die Ergebnisse das nicht bestätigen, dann haben die Zierds und die Zierts und die Zierdts dieser Welt keinen gemeinsamen Vorfahren.

Oder aber: Manche der eingeheirateten Frauen haben Kinder fremder Väter geboren.

„Wir haben vor dem Experiment diskutiert, wie gefährlich solche Ergebnisse für den Familienfrieden sein können", erklärt Holger Zierdt. „Vorsichtshalber haben wir dann keine Brüder und Cousins ersten Grades in die Reihe der Probanden aufgenommen: So können wir Seitensprünge frühestens bei den Urgroßmüttern entdecken, und kein Lebender muss in Verdacht geraten."

Eine gute Stunde wird die Analyse dauern. Dann sollten die DNS-Stücke entlang des Spannungsgefälles durch das Gel gewandert sein und verräterische Spuren hinterlassen haben, die das Rätsel lösen werden.

Ganz neu ist die Methode nicht. Vor allem in Fällen von historischer Tragweite haben Gen-Untersuchungen schon der Familienforschung gedient. Etwa, als ein Erbgutvergleich jene Hochstaplerin enttarnte, die sich jahrzehntelang als die verschollene Zarentochter Anastasia ausgegeben hatte.

Oder als Wissenschaftler die Blutflecken auf den Kleidern des ermordeten Findelkinds Kaspar Hauser mit der DNS des herzoglichen Hauses von Baden verglichen. Und zu dem Ergebnis kamen, der Junge, der 1828 in Nürnberg aufgetaucht war, sei mit dem Adelsgeschlecht nicht verwandt – anders, als lange vermutet. (Ob das untersuchte Blut

NUR EIN WENIG SPUCKE

Eine genetische Herkunftsanalyse lässt sich heute mit wenig Aufwand anfertigen

Es bedarf lediglich eines Wattestäbchens mit dem eigenen Speichel, eines Briefumschlags und gut 100 Euro – und einige Wochen später kommt das Ergebnis per Mail: Zu welchem „Urvolk" gehöre ich, waren meine Vorfahren Kelten, Iberer, Perser, Slawen, Wikinger, Juden, Hunnen oder Germanen, und wo haben sie gelebt?

Das jedenfalls verspricht die genetische Herkunftsanalyse des Schweizer Unternehmens Igenea. Wobei mit „Urvolk" Völker aus der Antike von etwa 900 v. Chr. bis 900 n. Chr. gemeint sind, die sich durch eigenständige DNS-Profile auszeichnen. Basis für die Analyse ist die Erbsubstanz der Mitochondrien, der sogenannten Zellkraftwerke, in denen die Ursprünge der mütterlichen Linie gespeichert sind.

Bei Männern bietet die Analyse bestimmter Erbgut-Abschnitte auf dem Y-Chromosom zusätzlich die Möglichkeit, etwas über die geografische Herkunft der väterlichen Linie zu erfahren. Mithilfe einer Datenbank von über 300 000 genetischen Profilen aus 98 Ländern lässt sich dann die Verwandtschaft bis zu 40 Generationen weit zurückverfolgen.

Jan Wehberg

tatsächlich das von Kaspar Hauser war, ist allerdings bis heute umstritten.)

Je weiter man die Abstammung von Menschen in die Vergangenheit verfolgt, desto schwerer sind präzise Ergebnisse zu erzielen. Zu verflochten ist die genetische Geschichte aller Vertreter der Art *Homo sapiens*, als dass sich heute noch klare Trennungslinien ziehen ließen.

Mithilfe der sogenannten Mitochondrien-DNS, die sich unverändert von der Mutter auf alle ihre Kinder vererbt, will der Oxford-Genetiker Bryan Sykes aber herausgefunden haben, dass alle heute lebenden Europäer von nur sieben Urmüttern abstammen.

Seinen Berechnungen zufolge haben diese Frauen irgendwann vor 10 000 bis 45 000 Jahren gelebt. Selbst ihre Heimatregionen lassen sich laut Sykes noch heute anhand der geografischen Verteilung ihrer DNS-Spuren ausmachen, ebenso die Wanderungsbewegungen ihrer Clans.

Unter Wissenschaftlern hat Sykes damit eine Kontroverse ausgelöst – darüber, was die Gene über die Genealogie der Menschheit wirklich sagen. Und darüber, wie treffgenau wir die molekularen Nachrichten aus der Vorgeschichte überhaupt entschlüsseln können.

Die meisten Rätsel der Genealogie sind schneller zu lösen. Wenn die Vorfahren zumindest über einige Generationen im selben Ort geblieben sind, lassen sich Spuren ihres Lebens leicht in Kirchenbüchern, Trauregistern und Tauf-Matrikeln nachvollziehen. Diese Dokumente sind heutzutage leichter zugänglich denn je. Überall in Europa sind Archivare damit beschäftigt, Material bereitzustellen für die neue Kultur der Erinnerung. Auch im Diözesanarchiv der polnischen Stadt Opole (Oppeln).

Im Diözesanarchiv im polnischen Opole hält Pfarrer Zygmunt Stanula die Pfarrchroniken und Taufregister seiner Gemeinde auf Mikrofilm fest – ein Freundschaftsdienst für Ahnenforscher der Mormonenkirche in Utah

In ganz Europa stellen Archivare Material bereit für die neue Erinnerungskultur

HIER HAT SICH der Pfarrer Zygmunt Stanula ein Kellerzimmer mit alten Schriften eingerichtet. Hier sammelt er, was die anderen Pastoren seiner Diözese nicht mehr pflegen: alte Ortsregister, Rechnungsbücher, Mitgliederverzeichnisse religiöser Bruderschaften – Schriftstücke aus löchrigem Ziegenpergament oder Bücher mit Spuren von Mäusefraß und Schimmelpilz.

Vor den alten Lederrücken im Regal liegt eine Zeitschrift mit einem Porträt des Papstes gleich neben dem Arbeitstisch, an dem Pfarrer Stanula mit Erlaubnis seines Bischofs für die Konkurrenz arbeitet: die Mormonen.

Die haben ihm kürzlich eine alte Mikrofilm-Kamera zur Verfügung gestellt und ihn gebeten, alle genealogisch interessanten Dokumente aus der weiteren Umgebung abzulichten. Denn für die „Kirche Jesu Christi der Heiligen der letzten Tage" ist die Ahnenforschung ein religiöser Auftrag: Ihrem Glauben zufolge kann man den Vorfahren heutiger Mormonen auch noch lange nach deren Ableben rituell die mormonische Taufe anbieten, kennt man nur ihre Namen und Lebensdaten.

„Natürlich klingt das für uns ein bisschen seltsam", sagt der Pfarrer. „Aber Hauptsache ist doch, dass die Dokumente gesichert werden. Unser Bischof sieht das glücklicherweise ähnlich."

Und so macht sich Pfarrer Stanula täglich an die Arbeit. Legt

tal Falls in Michigan, von dem niemand weiß, ob seine Linie überhaupt in den Familienstammbaum gehört, erzählt der Runde die Geschichte seines Großvaters: wie der bald nach der Jahrhundertwende aus einem kleinen russischen Dorf nach Brasilien auswandern wollte, auf

»Mein Name ist Michele, ich arbeite als Kellnerin.« Interviews mit den Zierdts werden für eine DVD vom Familientreffen aufgezeichnet

der Reise zur Küste bei Verwandten im deutschen Kaiserreich Station machte, dann wohl das Schiff verpasste – und so am Ende in Nordamerika landete.

Gastgeber Bill senior erinnert sich an die erste Kontaktaufnahme eines deutschen Zierdt mit einem Abkömmling der nach Amerika ausgewanderten Familienzweige: Im Jahr 1940 sei das gewesen, in New York. Die zwei Verwandten standen im Weltkrieg auf verschiedenen Seiten. Und der Amerikaner informierte vorsichtshalber das FBI über seinen Kontakt mit dem potenziellen Feind.

NUN ENDLICH soll auch Holger Zierdt für familiäre Anekdoten sorgen. Und das Ergebnis seines Genvergleichs erklären. Dem Wissenschaftler ist ein bisschen unwohl vor der Präsentation – denn er muss nun verkünden, dass vier der Gäste des Familientreffens genetisch nicht mit den anderen verwandt sind.

Immerhin: In acht der zwölf getesteten Familienzweige haben die Männer ihr Y-Chromosom eindeutig von einem gemeinsamen Vorfahren geerbt. Die Gene des thüringischen Töpfers leben demnach bis heute noch etwa in Minnesota, Thüringen und Westfalen fort.

Doch bei Wayne aus Michigan, jenem Ziert mit dem russischen Großvater, hat der Test ein Chromosom mit fremdem DNS-Muster ergeben. Er und sein Bruder Michael nehmen die Nachricht gelassen auf – für sie ist das Familientreffen ohnehin der erste Kontakt zu den übrigen Zierdts.

Erst bei einem weiteren Zierdt-Treffen, im hessischen Kleinensee, bringen aus Kasachstan stammende Familienmitglieder etwas Licht in die Geschichte. Sie erinnern sich, dass ihre Vorfahren ursprünglich in Wolhynien, einem Gebiet in der Ukraine, gelebt und deutsche Wurzeln gehabt haben sollen. Die Analyse ihres Genmaterials deutet darauf hin, dass sie aus der gleichen Familie stammen wie die Zierts aus Michigan.

Etwas härter trifft es bei dem Treffen in Wisconsin die einzige anwesende Nachfahrin von „Little George“, eines weiteren Zierdt aus dem zentralen Ast des Stammbaums, der ebenfalls Mitte des 19. Jahrhunderts nach Amerika ausgewandert ist: Eine von dessen drei Ehefrauen, so lässt der Genvergleich vermuten, muss vor rund 150 Jahren fremdgegangen sein.* Die Y-Chromosomen aller getesteten Nachkommen von „Little George“ tragen nicht die Zierdt-Signatur, sondern die Gene eines heimlichen Liebhabers aus der Vergangenheit.

Und jener Zierdt, der eigentlich am meisten unter dem Testergebnis leiden müsste, hat die schlechte Nachricht zur Zeit des Vortrags längst verkraftet: Ausgerechnet das DNS-Muster auf dem Y-Chromosom von Holger Zierdt, dem langjährigen Chronisten der Familie, stimmt ebenfalls nicht mit jenem der meisten Testpersonen überein.

Mit seinem Gentest hat der Forscher seine Urgroßmutter entlarvt: Die dürfte mindestens einmal ihren Mann mit einem anderen betrogen und danach den Sohn aus dieser Liaison zum ehelich gezeugten Kind erklärt haben. Mit der Folge, dass Holger Zierdts Großvater, sein Vater und er selbst genetisch nicht mehr zur Familie gehören.

„Das war zuerst ein ganz schöner Schock“, erzählt der Anthropologe seinem verblüfften Publikum. Aber inzwischen sehe er die Sache positiv: „Zumindest weiß ich jetzt ein wirklich interessantes Detail aus dem Leben einer meiner Ahninnen.“

Ein Gen-Vergleich kann enthüllen, ob ein Kind von einem Liebhaber oder vom Ehemann stammt

Die Zierdt-Familie will er dennoch weiter ausforschen. Schließlich hatte ja sein sozialer Urgroßvater biologisch noch dazugehört. Daneben aber wird er sich viel-

* *Theoretisch könnte der Fehltritt auch schon auf der Ebene von „Little Georges“ Mutter geschehen sein. Der Test ist nicht völlig trennscharf.*

Bei dieser »Stammblume« der Habsburger aus dem 15. Jahrhundert fanden auch die unverheirateten Kinder des Adelsgeschlechts und weitere Ehepartner einen Platz

Auf d… treffen … beuge… Zierdt… Verwan…

DIE LEBENSGESCHICHTE AUFSCHREIBEN

Ihre Erinnerungen in Bücher zu verwandeln, reizt viele Menschen. Manche versuchen sich selbst daran, andere lassen sich von professionellen Ghostwritern helfen

Früher beschäftigten sich allenfalls Fürsten, Politiker oder Stars mit ihren Memoiren oder leisteten sich einen Biografen. Inzwischen versuchen auch immer mehr Menschen mit vermeintlichen Normalbiografien ihre Lebensgeschichte zu Papier zu bringen.

Hilfe bieten Unternehmen wie die Firma „Rohnstock-Biografien“ in Berlin. Vor zehn Jahren nach amerikanischem Vorbild gegründet, verfassen deren Mitarbeiter heute etwa 20 bis 30 Auftragsarbeiten im Jahr. Einige Kunden bringen ein Manuskript mit, an dem sie bereits viele Jahre gearbeitet, es aber nie zu Ende gebracht haben. Die meisten jedoch haben ihre Erinnerungen nur im Kopf. Dann wird in stunden- und tagelangen Sitzungen die Lebensgeschichte mithilfe eines Diktiergeräts aufgezeichnet, werden Fotoalben gesichtet und alte Briefe gelesen.

Bis zur fertigen Biografie benötigen professionelle Autoren rund drei Monate. Mindestens 8000 Euro kostet die Anfertigung eines Buches mit bis zu 100 Seiten und in einer Auflage von fünf Exemplaren. Wer mehr zu erzählen hat und auf viele Fotos Wert legt, muss bis zu 20 000 Euro aufwenden. Jeder zehnte Kunde bricht das Vorhaben schon in der Anfangsphase wieder ab. Meist deshalb, weil es ihm nicht gelingt, sich so intensiv mit seinen Erinnerungen zu beschäftigen.

Menschen, die ihr Leben aufschreiben oder aufschreiben lassen, kommen aus unterschiedlichen Altersgruppen. Es sind aber deutlich mehr Frauen als Männer. Die Männer schreiben meist sachlich, beschäftigen sich mit Lebensleistung, Beruf und historischen Ereignissen; Frauen verfassen persönlichere Texte, stellen Familie, Gefühle und persönliche Beziehungen in den Mittelpunkt ihrer Aufzeichnungen.

Die Motivation der Schreiber ist unterschiedlich: Einige werden sich plötzlich bewusst, dass nach ihrem Tod ihre Erinnerungen als Angehörige der Kriegsgeneration verloren gehen könnten. Bei anderen ist es der Wunsch, Ordnung im eigenen Leben zu schaffen, Muster zu entdecken und Kontinuität herzustellen – oft an der Schwelle zu einem neuen Lebensabschnitt. Wieder anderen hilft eine Autobiografie, Schicksalsschläge und persönliche Krisen zu meistern.

Jan Wehberg

leicht ein wenig stärker als bisher der anderen Seite seiner Ahnen zuwenden: den vielen Hundert Vorfahren in seinen mütterlichen Linien. Ein Brauereibesitzer in Leipzig ist darunter, das weiß er schon. Und irgendwann, in der dritten oder vierten Generation, kommt gar ein adeliger Zweig hinzu – was meist bedeutet, dass es viele gute Quellen gibt.

Historische Familienforschung oder biologische Abstammungsgeschichte – in Zukunft werden sich die Genealogen immer häufiger die Frage stellen müssen, was davon sie eigentlich betreiben wollen.

Professionelle Erbgutvergleiche sind inzwischen auch für Privatleute bezahlbar. Und für viele Ahnenforscher ist schon heute die Versuchung groß, eine Lücke in ihren über Jahre recherchierten Stammbäumen endlich mithilfe der Naturwissenschaft zu überspringen.

Was manchmal zu Verwirrung führt: Kann doch der biologische Verwandtschaftstest ihre aufwendigen genealogischen Konstrukte auch komplett infrage stellen.

Wer eine klare Ahnenfolge finden möchte, muss sich entscheiden, nach welchem Kriterium er „Familie“ definieren will. Was also prägt den Menschen, und was nützt dem Genealogen mehr – das Erbgut oder die familiäre Sozialisation?

Bryan Sykes, der Oxford-Forscher, der alle Europäer auf sieben Urmütter zurückführt, glaubt vor allem an die Kraft der Gene. Noch heute, so behauptet er, stifte die biologische Verwandtschaft eine mysteriöse Verbundenheit, eine Art Wir-Gefühl, unter den jeweiligen Nachkommen dieser sieben Frauen aus der Frühgeschichte der Menschheit.

Heiner Keupp, der Psychologe aus München, hält die Genetik bei der Suche nach der eigenen Identität dagegen für zweitrangig. Unabhängig von der biologischen Verwandtschaft, so glaubt er, können auch schon längst verstorbene Vorfahren uns prägen, etwa wenn sich familiäre Traditionen entwickeln: „In meiner eigenen Familie waren alle Männer einer Linie über 15 Generationen Theologen. Das hat meinen Lebensweg ganz klar beeinflusst. Ich wurde als Kind so oft gefragt, ob ich nicht ebenfalls Theologie studieren wolle, dass ich es vermutlich eben deshalb nicht getan habe.“ □

MEHR ZUM THEMA:

W. Ribbe/E. Henning: **Taschenbuch für Familienforschung.** Degener 2006, 350 Seiten

www.familysearch.org
Website des weltgrößten genealogischen Archivs der Mormonenkirche

www.genealogienetz.de
Größte genealogische Vereinigung in Deutschland

Auf dem Familientreffen der Zierdts wurden der GEO-Redakteur **Jens Schröder**, 36, und der Fotograf **Michael Hagedorn**, 43, zu Zierdt-Verwandten ehrenhalber ernannt – auch ohne das familientypische Y-Chromosom.

»Clownsein fasziniert mich, weil ich Dinge machen kann, die ich im normalen Berufsleben nie gewagt habe«

Reinhold Bretall, 61

»Als mein Sohn mit sieben Jahren an Leukämie erkrankte, erwachte in mir der Clown. Sonst wäre ich kaputt gegangen«

Barbara Zölfl, 60

»Ich hatte schwerste Depressionen. Die Clownerie hat mir sehr geholfen, dabei kommt mein Humor total hervor«

Günther Kaye, 54

»Mein Bekanntenkreis hat sich verändert, und ich kann jetzt besser mit den Macken einiger Menschen umgehen«

Helgard Meyer-Berge, 68

Mit der Frage, wie der Mensch ein erfülltes und glückliches Leben führen kann, haben sich Philosophen schon vor Jahrtausenden befasst. Der Grieche Epikur war Verfechter der hedonistischen Lebensweise: Ein jeder solle seine Lust maximieren und die Unlust minimieren. Aristoteles hingegen war sich sicher, dass Glück nur durch einen tugendhaften Lebenswandel zu erreichen sei.

Im späten 20. Jahrhundert haben die Vertreter der „Positiven Psychologie" diesen beiden alten Wegen zum Glück einen neuen zur Seite gestellt: das „engagierte Leben".

Im Zentrum solle das Bemühen stehen, das individuelle Potenzial an Stärken auszuschöpfen. Diese müsse jeder Mensch aber erst einmal kennenlernen, sie dann im Privat- und Berufsleben besser entfalten, um schließlich ganz in seinem Tun aufgehen zu können. Die Positive Psychologie könne dabei helfen, diese Stärken aufzuspüren. Und vor allem: sie zu fördern.

Die noch junge Forschungsrichtung bricht mit einer Tradition der klassischen Psychologie. Während die sich seit Jahrzehnten fast ausschließlich den dunklen Seiten der menschlichen Seele widmet – Ängsten, Zwängen und Depressionen –, beschäftigen sich die Vertreter der Positiven Psychologie mit gesunden Menschen.

Martin Seligman von der University of Pennsylvania hat diese Richtung seiner Wissenschaft vor einigen Jahren ins Leben gerufen. Es gehe nicht darum, so sagt er, „auf der Skala der Lebenszufriedenheit von minus zwei auf null zu kommen, sondern vielleicht von plus zwei auf plus sechs". Seligmans Credo: „Build what's strong" (baue auf, was stark ist) statt „fix what's wrong" (bringe in Ordnung, was falsch ist).

Auch in Europa finden seine Thesen Unterstützung: „Wir haben die Menschen in wichtigen Lebensbereichen alleingelassen. Diese Lücke haben Ratgeber, Gurus und Sekten geschlossen", sagt Willibald Ruch, Persönlichkeitspsychologe an der Universität Zürich und Verfechter der Positiven Psychologie. Eine ausgewogene Psychologie müsse alle Facetten des menschlichen Erlebens betrachten.

WAS ABER SIND die entscheidenden Charakterstärken? Seligman und sein Team haben religiöse Schriften analysiert, Werke von Moraltheologen und sogar Märchenbücher. Immer wieder stießen sie dabei auf die gleichen 24 Stärken, die offenbar in allen Kulturen erstrebenswert sind, darunter Kreativität, Humor, Fairness und Kühnheit, aber auch weniger bodenständige Eigenschaften wie Spiritualität oder der Sinn für das Schöne.

Diese Stärken ordnet Seligman sechs Tugenden zu (siehe Kasten): Weisheit / Wissen, Mut, Menschlichkeit, Gerechtigkeit, Mäßigung sowie Transzendenz (die Fähigkeit, das eigene Leben

DIE DETERMINANTEN DES GLÜCKS

US-Forscher haben 24 menschliche Charakterstärken ermittelt, die in allen Kulturen als erstrebenswert gelten – und sie sechs grundlegenden Tugenden zugeordnet

WEISHEIT / WISSEN
Kreativität
Neugier
Geistige Aufgeschlossenheit
Liebe zum Lernen
Weisheit

MENSCHLICHKEIT
Bindungs- und Liebesfähigkeit
Freundlichkeit
Soziale Intelligenz

MÄSSIGUNG
Vergebungsbereitschaft
Bescheidenheit
Vorsicht
Selbstregulation

MUT
Kühnheit
Ausdauer / Beharrlichkeit
Integrität
Vitalität

GERECHTIGKEIT
Bürgerverantwortung / Teamfähigkeit
Fairness
Führungsvermögen

TRANSZENDENZ
Sinn für das Schöne
Dankbarkeit
Hoffnung
Humor
Spiritualität

in einem größeren Zusammenhang zu sehen).

Wie nun lassen sich die Stärken herausbilden und fördern?

Einerseits gelte es, so Willibald Ruch, die gut ausgeprägten Stärken überhaupt erst einmal im Alltag zu kultivieren. Wer also von Natur aus neugierig ist, sollte sich Freizeitbeschäftigungen suchen, die ihm neue Erfahrungen eröffnen. Wer sich durch Führungstalent auszeichnet, im Beruf aber nicht viel zu sagen hat, könnte in Vereinen oder Parteien Verantwortung übernehmen.

So ein Ratschlag mag banal klingen, aber Ruch hat die Erfahrung gemacht, dass viele Menschen von allein oft nicht auf solche Ideen kommen.

Auf der Website www.charakterstaerken.org hat die Universität Zürich einen umfangreichen Fragenkatalog veröffentlicht, der jedem helfen soll, seine „Signaturstärken" herauszufinden. So nennen Experten die fünf oder sechs auffälligsten Fähigkeiten, die – individuell unterschiedlich – einen Menschen auszeichnen.

Im Idealfall führt das Kultivieren der eigenen Stärken dann zu jenem Zustand der glückseligen Selbstvergessenheit, für den der ungarisch-amerikanische Psychologe Mihaly Csikszentmihalyi den Begriff „Flow" geprägt hat.

Zum anderen lassen sich jene Stärken, die besonders glücklich machen, auch fördern. Darauf zielen von Willibald Ruch entwickelte Trainingsprogramme.

Der Psychologe bietet unter anderem ein achtwöchiges Humortraining an. Denn Humor, erklärt der Forscher, sei unter all den Stärken ein Sonderfall: „Alle Menschen waren als Kind fröhlich, alle haben gespielt. Es geht also darum, ein schlafendes Talent wiederzuerwecken."

Ziel der Gruppensitzungen in der Züricher Universität sei es, ein Gespür für die lustigen Seiten simpler Alltäglichkeiten zu entwickeln und herauszufinden, welche Art von Humor man mag. Ergänzend sollen Übungen die Teilnehmer zu einem spielerischen Umgang mit sich und anderen Menschen befähigen. Mal werden Sketche aufgeführt, dann gilt es, Wortverfremdungen zu ersinnen, und beim Pinguinspiel müssen die Teilnehmer auf Zuruf Tiere pantomimisch darstellen.

„Die Spiele klingen etwas seltsam, wenn man davon erzählt", gibt Heidi Stolz zu, eine der Leiterinnen des Humortrainings. „Aber sie helfen."

MIT HAUSAUFGABEN werden den Teilnehmern zudem Selbstbeobachtung und Reflexion abverlangt. Beispielsweise sollen sie ein Humortagebuch führen, Freunde befragen, was denen in letzter Zeit Witziges passiert ist, und analysieren, was an einer Fernseh-Sitcom komisch oder auch nicht so komisch ist.

Ob diese Übungen den erwünschten Erfolg haben, lässt sich noch nicht abschließend sagen. Die wissenschaftliche Auswertung des Humortrainings läuft noch. Immerhin berichten viele Probanden von positiven Erfahrungen.

Ähnlich einfach – hart an der Trivialitätsgrenze – wirken manche Übungen, die zum Programm der anderen Stärkentrainings an der Universität Zürich gehören. Geht es um Bindungsfähigkeit, sollen die Teilnehmer beispielsweise einem ihnen nahestehenden Menschen per Postkarte oder Mail mitteilen, dass sie gerade an ihn gedacht haben; soll die Neugier geschult werden, haben sie aus einer Liste ungewohnter Aktivitäten mehrere zu erledigen – beispielsweise

»Im normalen Leben geht es immer um Erfolg. Clownsein ist die Kunst des Scheiterns – das ist befreiend«

Helga Geffers, 51

»Viele Menschen meiner Generation sind scheintot, weil sie sich nicht trauen, intensiv zu leben, etwa einen Liebhaber zu haben«

Gerlind Pusch, 77

ein exotisches Gericht zu kochen oder in der Bibliothek ein Buch aus einer Ecke ausleihen, die man gewöhnlich nicht ansteuert.

Reichen solche Kleinigkeiten tatsächlich aus, den eigenen Charakter zu verändern? Zwar können die Verfechter der Positiven Psychologie nur wenige Forschungsergebnisse vorweisen, doch schon diese Daten scheinen Skeptiker zu widerlegen: Das Stärkentraining, so simpel es anmutet, funktioniert tatsächlich.

Das legt sowohl eine noch nicht abschließend ausgewertete Züricher Studie mit 350 Personen nahe, die an einem Gruppentraining teilgenommen hatten, als auch eine Arbeit von Martin Seligman, bei der 577 Versuchspersonen per E-Mail Aufgaben zu erledigen hatten.

Während ein Teil der Probanden unwirksame „Placebo-Aufgaben" erhielt – etwa aufgefordert wurde, Erinnerungen aufzuschreiben –, hatten andere entweder einen Dankesbrief zu verfassen, jeden Tag drei positive Erlebnisse zu notieren oder täglich eine ihrer Signaturstärken gezielt neu einzusetzen.

Das Programm lief lediglich über eine Woche. Dennoch gaben jene Teilnehmer, die täglich ihre Stärken genutzt oder positive Erfahrungen aufgeschrieben hatten, noch nach sechs Monaten an, zufriedener mit ihrem Leben zu sein als zuvor. Außerdem erzielten sie niedrigere Werte auf einer Diagnoseskala für Depressionen.

Bei der Placebo-Gruppe trat dagegen nur unmittelbar nach dem Training ein Effekt auf – und er verschwand sogleich wieder. Die Briefeschreiber wiederum erlebten ein besonders ausgeprägtes Hochgefühl, das auch einige Wochen anhielt, dann aber langsam abflaute.

Ein Grund für die überraschend langfristige Wirkung der Kurzintervention dürfte auch sein, dass viele Teilnehmer der US-Studie nach dem Ende des einwöchigen Programms freiwillig weitertrainiert hatten.

LÄSST SICH das Lebensglück also durch ein Training der Charakterstärken erhöhen?

Tatsächlich belegen mehrere Studien, dass etliche Stärken eng mit dem psychischen Wohlbefinden in Zusammenhang stehen: Hohe Werte bei Bindungsfähigkeit, Hoffnung, Dankbarkeit, Neugier und Tatendrang führen offenbar zu einer erhöhten Lebenszufriedenheit. Bei anderen Stärken ist der Zusammenhang zwar vorhanden, aber schwächer ausgeprägt; am wenigsten beeinflussen offenbar Bescheidenheit und Sinn für das Schöne die Lebensfreude.

Überdies scheinen sich von Kultur zu Kultur unterschiedliche Stärken auf das Wohlbefinden auszuwirken: Schweizer Untersuchungen zeigen, dass dort – anders als in den USA – auch Humor und Ausdauer die Lebenszufriedenheit stärken.

Womöglich, so spekuliert Ruch, liege dies daran, dass Humor unter US-Bürgern weiter verbreitet ist als bei Schweizern – und die amerikanische Normalskala der Zufriedenheit seinen Effekt bereits enthält.

Wenn auch nicht jede Stärke gleichermaßen glücklich macht, so mindert keine von ihnen die Lebenszufriedenheit. Wichtiger noch: Die Forschungsergebnisse legen nahe, dass es bei Stärken kein Zuviel gibt, etwa Bindungsfähigkeit nicht in Klammern umschlägt. Die Daten von 20 000 befragten Amerikanern zeigen, dass sich Bindungsfähigkeit immer positiv auswirkt – je höher die Werte, desto glücklicher die Menschen.

Zwei Dinge habe man bewiesen, sagt Willibald Ruch: „Erstens sind Stärken gezielt trainierbar. Und zweitens, was noch wesentlicher ist: Eine Veränderung der Stärken führt zu einem Anstieg der Lebenszufriedenheit." Der nächste Schritt sei herauszufinden, welche Trainingsmethoden besonders effektiv seien.

Um ihre Programme möglichst vielen Menschen zugänglich zu machen und große Datenmengen sammeln zu können, setzen die Wissenschaftler zunehmend auf das Internet. Seit Januar 2009 versorgen sie per E-Mail 5000 Teilnehmer mit Aufgaben und fragen in Abständen immer wieder Selbsteinschätzungen und das Maß der Lebenszufriedenheit ab.

„Wir wollen bei den Menschen das Bewusstsein dafür schaffen", sagt Willibald Ruch, „dass man sich selbst durchs Leben steuern kann und nicht nur in der Masse mitläuft." □

Alexandra Rigos, 41, musste lernen, das ihre laut Test größte Stärke, der Sinn fürs Schöne, gar nicht so glücklich macht. **Anna Mutter,** 33, hat die Teilnehmer des Clowns-Kurses an der Schule für Tanz, Clown & Theater für ihre Diplomarbeit „Abendrot" fotografiert.

VORSCHAU

Die nächste Ausgabe von GEO WISSEN erscheint am 11. November 2009

Über kaum etwas im Leben ihrer Kinder zerbrechen sich Eltern mehr den Kopf als über die Wahl der richtigen Schule. Die gerät mitunter zur Qual – nicht zuletzt, weil sich das Angebot vielerorts stark ausdifferenziert hat. Häufiger als früher kommt neben den staatlichen Schulen auch eine private in Betracht, ein Internat oder ein Auslandsschuljahr.

Mit ihrer Entscheidung stellen die Eltern wichtige Weichen: Denn Bildungschancen sind Lebenschancen. Umso mehr in einem Land, in dem die wichtigsten Ressourcen nicht im Boden liegen, sondern im Kopf eines jeden Jungen und Mädchens.

Da fällt es besonders ins Gewicht, wenn Lehrer schlecht ausgebildet, Schulen mager ausgestattet und Reformen halbherzig umgesetzt werden. Aber längst gibt es auch die anderen, die guten Bildungsinstitutionen, die Lust aufs Lernen machen: mit neuen Formen der Wissensvermittlung, kreativen Schulleitern, Ganztagsangeboten und einer engagierten Eltern- und Schülerschaft.

GEO WISSEN stellt sie vor, die vorbildlichen Schulen und innovativen Lernformen – und nennt Kriterien, mit deren Hilfe sich eine sinnvolle Schulwahl treffen lässt.

WAS IST DIE

Lernen für das Leben, Lust an der Leistung –

MOTIVATION Ob Schüler so aufgeweckt sind, wie ein Lehrer sie sich wünscht, hängt auch stark von ihm selbst ab. Welche neuen Lernmethoden wecken die Freude am Unterricht?

NEUE MEDIEN Internet, Computer und Mobiltelefone eröffnen Jungen und Mädchen eine Erfahrungswelt, die den meisten Eltern verschlossen bleibt. Welche Folgen hat das?

ELITEFÖRDERUNG Colleges wie Eton in Großbritannien pflegen jahrhundertealte Traditionen. Welche Möglichkeiten haben sie gefunden, um begabte Schüler zu fördern?